Recibiendo a Jesús

Recibiendo a Jesús

El Camino del Amor

MARIANN EDGAR BUDDE

Prefacio Por Michael B. Curry

Traducido por
Yoimel González Hernández

CHURCH
PUBLISHING
INCORPORATED

Al pueblo
de la Diócesis Episcopal
de Washington

Cubierta diseñada por Jennifer Kopec, 2Pug Design
Composición por by Rose Design

Un registro de este libro se encuentra disponible en la Biblioteca del Congreso.

ISBN-13: 978-1-64065-303-0 (impreso)
ISBN-13: 978-1-64065-304-7 (libro electrónico)

CONTENIDO

PREFACIO

NO ME DISCULPO AL ADMITIR que siempre hablo de lo mismo con relación a proclamar el amor de Dios. ¡De hecho, lo digo en serio cuando señalo que no se trata del amor, sino de Dios! Este amor—intencional, incondicional, sacrificial—es el corazón y el alma del mensaje de Jesús. ¡Y en Jesús vemos el corazón mismo de Dios!

Durante los días posteriores a la boda real del Duque y la Duquesa de Sussex, un entrevistador me sorprendió con una gran pregunta: "¿Realmente funciona este tipo de amor del cual usted predica?" Mi respuesta, tanto en aquel momento como ahora es un "Sí" inequívoco—El amor es *la única* cosa que realmente funciona. Es la fuerza detrás de todo lo que ha sido demostrado como bueno y verdadero en el mundo. Y por eso, escoger el Camino del Amor es escoger vivir la vida como debe vivirse, nada más y nada menos que como el sueño de Dios para nosotros y para nuestro mundo.

Pero hay otra pregunta que vale la pena hacer: *¿Cómo vivimos este Camino del Amor?* Es esta la pregunta que la Muy Rev. Mariann Budde, obispa de Washington, responde tan clara y maravillosa-mente en las siguientes páginas. Aquí serás introducido a los siete pasos, las siete prácticas intencionales—Cambiar, Aprender, Orar, Adorar, Bendecir, Ir y Descansar—que son parte de lo que ella apropiadamente llama el peregrinar de toda una vida. Ella hace este viaje real a través de historias personales conmovedoras.

Déjenme ser perfectamente claro. Mientras leía estas páginas, encontré que la Obispa Mariann hizo más que hacerme pensar: ella comprendió el deseo de mi corazón. Fue aquí que descubrí nuevamente el amor incondicional de Dios que Jesús me había enseñado de una manera íntima y personal. Aquí hay un Camino que puede cambiar nuestras vidas para bien, y a través de nosotros, a nuestra sociedad y a la comunidad global toda. Ella ha puesto corazón, alma y pies en el Movimiento de Jesús.

Así que no tengas dudas . . . entra, sumérgete en este Camino del Amor y reclámalo para ti. Estarás muy feliz de haberlo hecho.

EL REVERENDÍSIMO MICHAEL BRUCE CURRY
XXVII OBISPO PRESIDENTE Y PRIMADO
DE LA IGLESIA EPISCOPAL

INTRODUCCIÓN

"Yo soy la vid verdadera, y mi Padre es el labrador. Todo pámpano que en mí no lleva fruto, lo quitará; y todo aquel que lleva fruto, lo limpiará, para que lleve más fruto. Ustedes ya están limpios, por la palabra que les he hablado. Permanezcan en mí, y yo en ustedes. Así como el pámpano no puede llevar fruto por sí mismo, si no permanece en la vid, así tampoco ustedes, si no permanecen en mí." —Juan 15:1–4

EN DICIEMBRE DEL 2017, el obispo presidente de la Iglesia Episcopal, Michael Curry, invitó a un pequeño grupo de líderes de la iglesia para ayudarlo a pensar acerca de un asunto que lo estaba preocupando.

Nosotros en la Iglesia Episcopal hemos sido inspirados durante años por la predicación del Obispo Curry, incluso mucho antes de que su sermón en la boda real del Príncipe Harry y Meghan Markle catapultara su mensaje sobre el amor al escenario mundial. Desde su elección como nuestro obispo presidente en el 2015, él ha estado predicando y enseñando en todo el país, llamando a cada miembro de la Iglesia Episcopal a renovar nuestro compromiso con Jesús y con su mensaje de amor por el mundo. La energía alrededor del obispo presidente, tanto dentro como fuera de la Iglesia Episcopal, ha sido electrificante. El Obispo Presidente Curry solo quiere hablar de Jesús, el enviado de Dios, para mostrarnos a todos cómo vivir y amar. Él es, en esencia, un avivamiento en sí mismo. "La iglesia no es una institución", nos recuerda cada vez que tiene una oportunidad, "la iglesia es un movimiento." Cada vez que habla, nos sentimos animados en la Iglesia Episcopal. Pero, ¿qué significa esto exactamente?

En nuestro encuentro en diciembre del 2017, Michael Curry quiso hablar sobre una estrategia de evangelización. Aunque hay algunos ejemplos excelentes de vitalidad espiritual y crecimiento en algunas iglesias episcopales en el país, muchas de nuestras congregaciones están luchando simplemente por sobrevivir. Incluso cuando consideramos nuestras iglesias más fuertes, la tendencia al declive es clara. A pesar de la actual estatura pública del Obispo Curry, la mayoría del pueblo menor de cincuenta años en los Estados Unidos no tiene idea quiénes somos y cuáles son nuestras esperanzas más profundas con relación a nuestro mundo. Tristemente, para muchos el tesoro de la Iglesia Episcopal permanece escondido bajo las cestas de trigo del decaimiento institucional.

Por eso en aquella reunión oramos y nos preguntamos durante dos días cómo ser fieles a Jesús y a su movimiento de una mejor manera. ¿Qué más podría hacer el obispo presidente? ¿Qué podríamos hacer nosotros, no solo para asegurar la mera sobrevivencia de nuestras iglesias, sino para que estas puedan florecer como comunidades espirituales vibrantes y como testigos incansables del mensaje de amor de Jesús?

Parte del problema, nos decimos a nosotros mismos, es que los episcopales titubeamos a la hora de hablar sobre nuestra fe. Casi nunca invitamos a nuestros amigos y vecinos a que nos acompañen a la misa o a un pequeño encuentro grupal. Además, parece que estamos demasiado atados a nuestras preferencias en la adoración. Nos gusta pensar que las comunidades de fe son afectuosas, acogedoras, pero dado nuestro declive institucional, es poco probable que otros tengan esa experiencia de nosotros. En nuestro encuentro reconocimos que las tendencias de declive sugieren que la Iglesia Episcopal no es particularmente un testigo incansable del evangelio. Claramente necesitamos hacer más que intentarlo otra vez cuando se refiere a hacer que otros conozcan nuestra presencia y a ser más acogedores.

Después de horas de conversación, alguien en nuestro grupo le preguntó al obispo presidente qué le preocupaba más. "Me preocupa", dijo tranquilamente el Obispo Presidente Curry, "que la mayoría de la gente en nuestras iglesias no conocen del amor incondicional de Dios. Sospecho que la razón por la que ellos dudan de hablar sobre Jesús es porque no lo conocen como su Señor y Salvador personal." Él hizo una pausa. "¿Cómo podemos compartir lo que no tenemos?"

El salón se quedó en silencio. Me vi a mí misma pensando en algo que había leído poco tiempo antes sobre cómo los cristianos experimentaron al Espíritu Santo. El libro en el que lo leí, escrito por el pastor metodista Adam Hamilton, se trataba de los fundamentos de la fe cristiana:

> Cuando hablamos del Espíritu Santo o del Espíritu de Dios, estamos hablando de la acción activa de Dios en nuestras vidas, de la forma en que Dios nos conduce, nos guía, nos forma; del poder y la presencia de Dios para consolarnos, darnos ánimo y hacernos el pueblo que Dios quiere que seamos. El Espíritu es la voz de Dios susurrando, buscándonos, llamándonos. Y al escuchar su voz y al ser formados por su poder, encontramos que nos convertimos auténticamente en seres humanos más llenos.[1]

Hamilton continúa:

> Creo que muchos cristianos viven sus vidas deficientes del Espíritu, un poco como alguien que está privado de sueño, de alimentos o de oxígeno. A muchos cristianos no le han enseñado sobre el Espíritu y no han sido animados a encontrar la obra del Espíritu en sus vidas. Como resultado, nuestras vidas espirituales están

---

1. Adam, Hamilton, *Creed: What Christians Believe and Why* (Nashville: Abingdon Press, 2016), Kindle Edition, 965.

un poco anémicas mientras intentamos vivir la vida cristiana con nuestro propio poder y sabiduría.[2]

Mientras escuchaba al obispo presidente hablar y al recordar las palabras de Adam Hamilton, fue como si Dios estuviera sosteniendo un espejo frente a mi rostro. Tuve entonces que reconocer personalmente y ante Dios que muchos días yo intento vivir y dirigir con mi propio poder y sabiduría. En alrededor de treinta años de liderazgo ordenado, mi posición más común es asumir que todo depende de mí. Intelectualmente, yo sé que eso no es el evangelio. Ni siquiera una sola vez Jesús dijo: "Todo depende de ti." Por el contrario, él dijo cosas como: "Yo soy la vid y ustedes los pámpanos." Él es la fuente de nuestra fortaleza. Nosotros somos las ramas, capaces solo de compartir lo que recibimos de él. Sin embargo, reconocerlo no es suficiente: como cristinos—y con seguridad como líder de otros cristianos—necesito recordatorios diarios y experiencias vívidas de una verdad fundamental: separada de Jesús no puedo hacer nada.

El obispo Curry nos dijo que él quería pasar los años que le quedaban como nuestro guía espiritual, ayudando a todas las personas a experimentar el amor de Dios revelado a nosotros en Jesús y a seguir a Jesús en ese camino del amor. Él quiere que la Iglesia Episcopal sea conocida por nuestro compromiso de seguir el camino del amor de Jesús. En ese momento fuimos unánimes en nuestro deseo sumarnos a esa tarea. Juntos soñamos lo que sería una regla de vida para la Iglesia Episcopal. Muy pronto, el círculo creció al incluir a los más dotados maestros, escritores y predicadores de la Iglesia Episcopal. De esta labor extraordinariamente rica y colaborativa nació el *Camino del Amor: Prácticas para una vida centrada en Jesús.*

---

2. Ibid, 1066.

Una regla espiritual de vida

El término "regla de vida" es simplemente un lenguaje religioso para algo que todos hacemos cuando decidimos dirigir intencionalmente nuestros esfuerzos hacia una meta mayor. El tipo de meta al que una regla de vida apunta no es un logro, sino una manera de ser en el mundo. Por ejemplo, en un espacio académico no es posible aprobar un examen estudiando furiosamente la noche antes, por lo que se entiende que para dominar una materia dada se requiere del estudio continuo en el tiempo. Una regla de vida significa seguir prácticas diarias que nos llevarán a ese dominio. En el campo de la salud física, aunque es posible perder peso con una dieta de inanición, una salud sostenida requiere hábitos diarios de salud y nutrición adecuada. Estos hábitos constituyen una regla de vida para nuestra salud. Similarmente, si queremos tener una relación saludable con el dinero, una regla financiera de vida implicaría adoptar un presupuesto y vivir ajustado a sus límites.

Una regla espiritual de vida abarca prácticas específicas que nos ayudan a prestar atención y a responder a la presencia de Dios. Es un esfuerzo consciente de nuestra parte de estar abiertos al amor de Dios en Jesús, de recibir ese amor y ofrecer amor a otros según hemos sido llamados. Si seguimos con el tiempo algunas prácticas espirituales fundamentales, ellas gradualmente formarán nuestro carácter y determinarán el curso de nuestras vidas.

El escritor Brian McLaren describe el poder de las prácticas espirituales de esta forma:

> Las prácticas espirituales son aquellas acciones que dependen de nuestro poder, que nos ayudan a reducir la brecha entre el carácter que queremos tener y el carácter que realmente estamos desarrollando. Ellas tienen que ver con que podamos sobrevivir nuestros veintes, cuarentas u ochentas sin convertirnos en imbéciles en el proceso. Tienen que ver con no dejar que lo que nos sucede nos deforme o destruya. Tienen que ver con darnos

cuenta que poseemos o acumulamos cosas que no tienen relación con quienes hemos llegado a ser o con quienes somos. Las practicas espirituales tienen que ver con la vida, con entrenarnos a nosotros mismos para convertirnos en el tipo de persona que tiene ojos y que verdaderamente ve, que tiene oídos y que verdaderamente escucha. Y por tanto, experimentamos no solo la sobrevivencia, sino la vida real y buena que vale la pena vivir.[3]

McLaren continúa diciendo que nuestro carácter—el tipo de persona que somos—determina cuánto de Dios podemos experimentar, e incluso, qué versión de Dios experimentamos. Por tanto, hay mucho en juego para nosotros aquí, ya que es a través de las prácticas espirituales que aprendemos a amar a Dios.[4]

La meta principal del Camino del Amor es que crezcamos en nuestro amor por Jesús mientras experimentamos su amor en nosotros. La segunda meta es crecer en nuestra capacidad para amar a otros como Jesús ama. El tipo de amor al que aspiramos no es un sentimiento que corre sobre nosotros, aun cuando ese sentimiento de amor pueda ser maravilloso. Por el contrario, ese amor es sostenido y a veces requiere un esfuerzo sacrificial. En palabras de Pablo, es un amor paciente y bondadoso; es un amor que no es arrogante, jactansioso y no se irrita; es un amor que todo lo cree, todo lo espera y todo lo soporta (1 Cor 13:1–13). Crecer en nuestra capacidad tanto de recibir como de ofrecer ese amor es un fruto de una vida conectada al amor de Jesús, como un pámpano a la vid. Las prácticas del Camino del Amor nos ayudan a estar conectados.

Si somos honestos, muchos de nosotros nos sentimos insuficientes con relación a las disciplinas de nuestra fe. Yo me siento así. Pero aquí hay algo para recordar sobre las prácticas espirituales: ellas no son labores trabajosas o ejercicios para mantenernos en

---

3. Brian McLaren, *Finding our Way Again: The Return of the Ancient Practices* (Nashville: Thomas Nelson, 2008), 14.

4. Ibid, 18.

forma espiritual. En palabras de la monja benedictina Joan Chittister: "Una relación con Dios no es algo que se logra." Por el contrario, escribe ella: "Dios es una presencia a la cual podemos responder." Tampoco es que la vida espiritual está separada del reto de nuestras vidas. Por el contrario, ella es "una forma de ser en el mundo que está abierta a Dios y a los demás."[5] Las prácticas espirituales nos ayudan a abrirnos a la presencia de Dios.

Las siete prácticas del Camino del Amor no son, en su mayor parte, gestos dramáticos, sino pasos pequeños que tomamos, cuyo impacto será sentido con el tiempo. Este tampoco es un programa diseñado explícitamente para arreglar los retos que enfrentamos como iglesia en declive institucional. No hay garantía de que podamos revertir la tendencia a la disminución de la membresía, ni siquiera si cada episcopal decide seguir el Camino del Amor. Pero por otra parte, si nunca nos relacionamos con estas prácticas o con otras como estas, quizás no tengamos una iglesia que valga la pena salvar. La iglesia no es un edificio, una institución o una pequeña comunidad desesperada por sobrevivir. La iglesia es, como al obispo presidente le gusta recordarnos, la reunión del pueblo que ha escuchado el llamado de seguir a Jesús en su camino de amor por el mundo, persona a persona, comunidad a comunidad.

Las siete prácticas

La primera práctica en una vida centrada en Jesús es *cambiar*— cambiar nuestra mirada, nuestra mente, nuestros pensamientos, nuestra atención hacia Jesús. Así de simple como suena, esta es la práctica fundacional ya que hace referencia a la primera decisión consciente que hacemos, o que debemos hacer, para ser un seguidor de Jesús. Cambiar también describe la decisión diaria de enfocar nuestra atención en Jesús, pidiendo por su guía y gracia.

---

5. Joan Chittister, O.S.B, *The Rule of St. Benedict: Insights for the Ages* (New York: Crossroad Publishing, 1992), 27.

La segunda práctica es *aprender*, comprometernos cada día a algún tipo de aprendizaje leyendo la Biblia o escuchando un material devocional enfocado en las enseñanzas de Jesús. Muchas veces el proceso de aprendizaje incluye un compromiso profundo a través de clases o estudio. Otras veces, es un encuentro pequeño y diario con fuentes de sabiduría e inspiración. Lo que más importa aquí no es la cantidad de lo que aprendemos, sino el compromiso constante de adquirir un poco de conocimiento cada día.

La tercera práctica es *orar*, la cual fluye naturalmente de la primera y segunda, aunque se sostiene por sí misma. Oramos todo el tiempo y en todo lugar. Yo me he dado cuenta que sentándome en el mismo lugar cada día, aunque sea por unos pocos minutos, tiene un impacto sencillo pero poderoso en mi vida. Este es un tiempo para ordenar y asentar mis pensamientos, así como el agua turbia se asienta en la tranquilidad y permite que emerja algo de claridad. Este es un tiempo para hablar a Dios con el corazón, frecuentemente con miradas y no con palabras. Y es también un tiempo para escuchar. Quizás no escuchamos nada en el silencio, pero podríamos. Y nunca escucharemos nada de Dios si no tomamos el tiempo para escuchar.

En términos de tiempo, podemos comprometernos a cambiar, a aprender y a orar cada día por al menos quince minutos cada día. Siempre podemos pasar más tiempo, pero el beneficio viene del hábito de separar un tiempo, no importa cuánto tiempo. Es mejor comenzar con poco.

La cuarta práctica, *adorar*, nos lleva de lo personal a lo colectivo. Seguir a Jesús es una tarea comunitaria y no podemos crecer en los caminos del amor por nosotros mismos. Somos alimentados en la fe a través de la adoración mientras oramos, cantamos juntos y nos abrimos a los misterios del sacramento. El teólogo Norman Wirzba escribió: "La iglesia es en su mejor momento como una escuela que entrena personas en el camino del amor, una escuela inusual que dura toda una vida y de la cual nunca nos graduamos realmente."[6] Somos aprendices unos de otros en la comunidad cristiana y juntos experimentamos la presencia de Cristo.

La quinta práctica, *bendecir*, nos hace salir de nosotros mismos y de la iglesia y nos coloca en el mundo que nos rodea. Bendecir, es decir, pronunciar palabras de bondad y afirmación, es la más amorosa y subestimada de las prácticas espirituales. El autor y poeta celta John O'Donohue describe el bendecir como una forma de arte perdida. "El mundo puede ser cruel y negativo", escribe él, "pero si nos mantenemos siendo generosos y pacientes, la bondad se revelará inevitablemente. Algo profundo en el alma humana parece depender de la presencia de la bondad; algo instintivo en nosotros lo espera, y una vez que lo sentimos, somos capaces de confiar y abrirnos."[7] Cada día recibimos innumerables oportunidades para hablar con bondad en la vida de otra persona, de ofrecer una palabra de esperanza en tiempos de incertidumbre.

La sexta práctica, *ir*, es para muchos la práctica más desafiante. Esta es un llamado a cruzar las fronteras de nuestra familiaridad con vistas a comprender mejor la experiencia de los otros. El gran reformador de la justicia criminal de nuestro tiempo, Bryan Stevenson, habla de estar cerca del sufrimiento, de aproximarnos a aquellos que cargan la peor parte de las enfermedades de nuestra sociedad y de conocerlos como vecinos y amigos.[8] Caminar el camino del amor requiere nuestra presencia en aquellos lugares donde el amor es más necesitado.

La práctica final, *descansar*, es otra con la que muchos tienen dificultades y puede ser la más contracultural en nuestro tiempo. Porque somos mortales, nuestras almas y cuerpos son restaurados a

---

6. Norman, Wirzba, *Way of Love: Recovering the Heart of Christianity* (New York: HarperCollins, 2016), 8.

7. John O'Donohue, *To Bless the Space Between Us: A Book of Blessings* (New York, Doubleday, 2008), 185.

8. Bryan Stevenson, *Just Mercy: A Story of Justice and Redemption* (New York: Spiegel & Grau, 2014), 14.

través del descanso. Descansar es recordar que no estamos solos y que todo no depende de nosotros. Podemos poner a un lado nuestras cargas y hacer espacio en nuestras vidas para la renovación y para cosas que nos dan gozo. Las escrituras nos enseñan que el *sabbath* no es algo que merecemos, sino más bien un derecho como hijos e hijas de Dios.

Siete parece ser un número desalentador de prácticas espirituales, y puede serlo si la meta es marcarlas como cumplidas cada día, como tareas de una lista espiritual de lo que nos falta por hacer. He encontrado útil reflexionar sobre las siete prácticas durante la semana, el mes, o incluso durante una temporada de mi vida. Podemos ser atraídos, por nuestro bien, a una temporada de aprendizaje ya que podemos sentir una fuerza interna que va más allá de nosotros de forma pequeña o significativa. Al principio, quizás te preguntes: ¿Cuáles de las siete prácticas son más fáciles para ti? ¿Con cuál de ellas pasas más trabajo? ¿Existe una que te habla con más urgencia, algo que tu vida necesita ahora mismo?

El propósito de estas prácticas intencionales es abrirnos a la experiencia de Jesús en nosotros. A menudo pensamos que la fe cristiana es una obligación o una lista de creencias que debemos cumplir. Existen obligaciones y creencias, pero si nos estancamos en ellas, podemos perder la visión o nunca experimentar lo que es más importante. La invitación de Jesús es a experimentar una relación amorosa y personal con Dios. No importa nuestras luchas y dudas, no importa nuestros pecados pasados o fallas constantes, siempre podemos confiar en nuestra relación con Dios. En Dios podemos encontrar refugio y tierra segura.

El Camino del Amor es un peregrinar de toda una vida. Es una forma de conocer a Dios mientras recibimos y compartimos el amor de Jesús siendo una bendición para el mundo. Deseo que experimentes algo de la luz de Dios y de su amor hacia ti al leer esta reflexión que sigue a continuación.

Cambiar

DETENTE, ESCUCHA Y DECIDE
SEGUIR A JESÚS

Pero Jesús le dijo a Simón: "No temas, que desde ahora serás pescador de hombres." Llevaron entonces las barcas a tierra, y lo dejaron todo para seguir a Jesús. —Lucas 5:10–11

EL CAMBIO COMIENZA AL ENFOCAR nuestras vidas en Jesús. Cuando alguien nos llama, nosotros cambiamos la mirada. Movemos nuestra atención. Algunas veces nos damos vuelta y vamos en una dirección diferente. Adondequiera y como sea que cambiemos, es importante recordar que lo hacemos en respuesta a un llamado, a la conciencia de que alguien o algo nos llama desde dentro o fuera de nosotros. Si cambiar es nuestro primer paso hacia en encuentro con Dios, nosotros no iniciamos esa relación. Una relación con Dios—y para los cristianos, una relación con Jesús— nunca comienza de nuestra parte. Siempre comienza con Dios.

Nuestra relación con Dios comienza como la relación que tuvimos como infantes con nuestros padres y otros adultos en nuestra crianza. Nuestras imágenes paternales de Dios están relacionadas con la psiquis humana, precisamente debido a nuestras primeras experiencias. Aquellos que nos amaron cuando éramos niños ya lo hacían mucho antes de que supiéramos lo que era el amor, e incluso antes de que nosotros los amáramos a ellos. Tuvimos que crecer reconociendo su amor, nuestra comprensión del amor y nuestra capacidad de amar antes de responder. En el proceso de crecimiento de toda una vida, aprendemos y continuamos aprendiendo lo que es el amor humano.

De forma similar, Dios nos ama muchos antes de que estemos conscientes del amor divino. Podemos vivir por años, incluso la vida entera, sin darnos cuenta del amor de Dios. Muchas personas viven, trágicamente, sin amor humano, a tal punto que la idea de un Dios amoroso parece inconcebible e incluso ofensivo. Sin embargo, es cierto también que estar conscientes de la presencia de Dios requiere apertura de nuestra parte, la voluntad de acabar con el juicio, lo suficiente como para notar lo que está llamando nuestra atención.

El mensaje esencial del evangelio, sugiere el antiguo arzobispo de Canterbury Rowan Williams, es que Dios está más interesado en nosotros que nosotros en Dios. Él escribió: "La buena noticia es que si mostramos señales de respuesta, de confianza y amor, entonces ese interés se convertirá en una relación e intimidad profundas."[1] No es sorprendente que muchos de nosotros hemos tenido experiencias espirituales significativas durante momentos de gran vulnerabilidad o gozo, ya que esos son tiempos en los que frecuentemente bajamos nuestra guardia. Cuando somos vulnerables podemos ser más receptivos a la presencia misteriosa y amorosa de Dios.

Como al responder a una mano extendida para unirnos a alguien en una pista de baile, solo podemos decidir dirigirnos hacia nuestra experiencia de un encuentro espiritual. En las primeras etapas de nuestra relación consciente con Dios, o al volver a una relación intencional, nuestros primeros pasos son, en respuesta a una invitación que proviene de Dios.

---

1. Rowan Williams, "God's Mission and Ours in the 21st Century", ICS Lecture at Lambeth Palace, London, June 9, 2009.

Existen numerosas historias en la Biblia sobre la vida de Jesús que ilustran esta dinámica relacional de encuentro y respuesta. Estas son parte de un género bíblico más grande conocido como "historias de llamado", ya que en ellas, importantes personajes bíblicos escuchan el llamado de Dios o de Jesús y ellos deben decidir si quieren responder o no. También podemos referirnos a estas como "historias de invitación", porque en el encuentro o experiencia se extiende una invitación y Jesús espera por nuestra respuesta. Una de mis historias de invitación favoritas en la Biblia tiene lugar temprano en el ministerio público de Jesús. Según se cuenta en el Evangelio según Lucas, Jesús estaba enseñando y sanando en los pequeños pueblos en el norte de Israel, cerca de un lago conocido como el Mar de Galilea. La respuesta de la gente que vivía en esa región fue inmediata y entusiasta, tanto así que la multitud comenzó a seguir a Jesús a dondequiera que él iba.

Un día, Jesús le preguntó a dos pescadores si él podía usar uno de sus botes como plataforma flotante para poder hablarle a los que estaban reunidos en la orilla del lago. Aunque habían regresado recientemente de una larga y poco exitosa noche de pesca, uno de los pescadores llamado Simón estuvo de acuerdo en llevar a Jesús mar adentro. Cuando Jesús terminó de enseñar, se dirigió a Simón y dijo: "Lleva la barca hacia la parte honda del lago, y echen allí sus redes para pescar." Aquí es cuando los lectores de la historia se dan cuenta que el objetivo principal de Jesús no era enseñar a la multitud, sino pasar un tiempo a solas con Simón. Este le recuerda gentilmente a Jesús que él y sus compañeros habían estado de faena toda la noche y no habían pescado nada. Sin dudas estaba exhausto y convencido del esfuerzo inútil de echar las redes nuevamente. Sin embargo, Simón accede: "Pero ya que tú me lo pides, echaré la red."

En su libro *Simon Peter: Flawed but Faithful Disciple*, Adam Hamilton sugiere que la frase "ya que tú me lo pides" es una expresión de la "obediencia renuente" de Simón, algo con lo que todos podemos identificarnos. "Existen momentos", escribe Hamilton, "en los que

Jesús nos pide hacer algo que nosotros no queremos hacer, cuando estamos cansados o cuando lo que se nos ha pedido no tiene sentido para nosotros . . . Para nosotros, las aguas profundas son el lugar al que Jesús nos llama a ir cuando preferiríamos quedarnos en la orilla."[2]

Yo puedo escuchar el tono de obediencia renuente en la respuesta de Pedro. Incluso puedo imaginarme a Pedro diciendo "si tú me lo pides", con ese tipo de exasperación que insinuaba: "Claramente no sabes de lo que estás hablando, pero para complacerte, o incluso para probarte que estás errado, haré lo que me pides." En mis momentos de más reflexión, escucho a Simón desde una posición de esperanza agotada. Él estuvo dispuesto a tirar la red una vez más en caso de que unos pocos peces aparecieran y así redimir sus esfuerzos fallidos.

No importa la intención con que Simón lo dijo, lo que importa es que Simón hizo lo que Jesús le pidió. En unos minutos, hubo más pescados que lo que su red podía soportar. En un punto de giro para Simón, este cayó de rodillas abrumado de vergüenza: "Señor, ¡apártate de mí, porque soy un pecador!" Claramente no se trataba de vergüenza por haber dudado de la sensibilidad de Jesús para la pesca. Simón reconoció rápidamente a Jesús de una nueva manera; se dio cuenta que estaba en presencia de alguien santo, y él sintió que no era digno. Seguramente si Jesús hubiese sabido qué tipo de hombre era Simón, no hubiese querido tener nada que ver con él.

Pero Jesús sí lo conocía. Sabía todo acerca de él. Jesús no le pidió a Simón por ayuda porque quería su bote. Él quería a Simón. "¡Sígueme!", le dijo, "desde ahora serás pescador de hombres." Simón cambió y siguió a Jesús y su vida cambió para siempre (Lucas 5:1–11).

---

2. Adam Hamilton, *Simon Peter: Flawed but Faithful Disciple* (Nashville: Abingdon, 2018). Kindle Edition, 372–375.

Lo que me gusta del encuentro entre Simón y Jesús es que describe tan maravillosamente cómo Jesús se aparece en nuestras vidas y revela su presencia antes de pedirnos que lo sigamos. Obviamente, nosotros no experimentaremos a Jesús como lo hicieron Simón y otros, cuando Jesús caminaba por estas tierras. Jesús viene a nosotros ahora en espíritu. Él viene en y a través de otras personas. Él habla a través de nuestros pensamientos y sueños, a través de sucesos en nuestras vidas, a través de lo que leemos, escuchamos o vemos. Cuando vemos a Jesús ahora, lo vemos con nuestro ojo interior. Cuando lo escuchamos, lo hacemos con nuestro corazón. Nuestra relación con Jesús comienza no con nosotros, sino con él viniendo hacia nosotros. Solo entonces somos invitados a dirigirnos hacia él, quien fue el primero en dirigirse hacia nosotros.

Una vida de cambio

Conozco a muchos cristianos que no pueden recordar la primera vez que conscientemente cambiaron su rumbo para seguir a Jesús. "Jesús siempre ha estado conmigo", dicen, sin el recuerdo de que haya sido de otra forma. "Conocí a Jesús en la mesa de la cocina", escribe Rachel Held Evans en *Inspired*, publicado un año antes de su trágica muerte:

> Fue en esa mesa, frente a un plato humeante de spaghetti, chuletas de puerco u otra comida en la semana, que aprendí a orar: "Jesús, gracias por mami y papi, por Rachel y Amanda y gracias por esta comida. Amén." Lo primero que supe sobre Jesús fue que él era responsable de la existencia de mis padres, mi hermana, yo y mi comida. Eso parecía suficientemente buena noticia para mí.[3]

Para otros, el encuentro fue más dramático. Las palabras parecen inadecuadas cuando intentamos hablar sobre esos encuentros—lo

---

3. Rachel Held Evans, *Inspired: Slaying Giants, Walking on Water, and Loving the Bible again* (Nashville: Nelson Books, 2018), Kindle Version, 147.

que a veces llamamos nuestra experiencia de conversión. Pero en esencia, lo que estamos tratando de describir es nuestra experiencia de invitación y respuesta, de cambiar el rumbo hacia aquel que se dirigió a nosotros primero.

Yo estoy entre aquellos que recuerdan vívidamente la primera vez que conscientemente cambiaron su rumbo hacia Jesús. Sucedió en mi temprana adolescencia cuando vivía en una especie de vacío religioso. Cuando niña había asistido a la iglesia con mi madre, pero cuando cumplí once años, me mudé con mi padre y mi madrastra. No íbamos a la iglesia y no recuerdo que Dios hubiese sido tema de conversación en ese tiempo. Todo lo que yo pensaba que sabía sobre Dios y Jesús en esos años formativos provenía de la televisión, de la película "El exorcista", la cual fue estrenada cuando yo tenía trece años; o de lo poco que recordaba de la Escuela Dominical cuando era niña.

En noveno grado me hice amiga de una niña llamada Kelly. Kelly me habló libremente de su fe cristiana con una facilidad que me asombró. Yo supongo que si alguien me hubiese preguntado si yo era cristiana, yo hubiese dicho que sí, porque no había otras opciones. Pero la descripción de Kelly era diferente. Era personal y afectuosa. Kelly me habló de Jesús como si lo conociera y como si conocerlo fuera una cosa maravillosa.

Un domingo, Kelly y su familia me invitaron a acompañarlos a la iglesia, y yo acepté. Ese día el ministro habló mucho sobre el amor de Jesús mientras usaba la imagen de la puerta. "Hay una puerta en nuestro corazón", dijo él. "Jesús espera afuera a que lo invitemos a entrar". Yo no estaba segura de lo que él quería decir, pero yo sabía que mi corazón era un lugar solitario. Si Jesús quería entrar, yo estaba lista. Sin saber si existía antes de este momento, yo anhelaba ese tipo de amor que el ministro había descrito.

Cuando el ministro invitó a venir al frente a aquellos que querían dejar entrar a Jesús en sus corazones, yo caminé hacia el frente. Él puso sus manos gentilmente sobre mi cabeza y oró. No recuerdo lo que dijo y no sentí nada diferente cuando regresé a mi asiento. Sin embargo, algo cambió en mí ese día. Yo había cambiado mi rumbo hacia Jesús.

Ese no fue un tiempo feliz en mi vida, e invitar a Jesús a entrar en mi corazón no hizo las cosas mejores. Mi padre y mi madrastra estaban pasando por problemas financieros y en su matrimonio. Mi papá se pasaba la mayoría de las noches tomando bourbon y viendo televisión. La vida social en la escuela era también bastante miserable para mí durante esos años. Yo sentía que había algo errado conmigo que yo no podía comprender, que yo no merecía el amor. Al tener tantos conflictos, yo me preguntaba si me había perdido algo en mi experiencia de conversión, o si, de alguna forma, todo había salido mal.

Por el contrario, Kelly y su familia estaban muy contentos por mi decisión de aceptar a Jesús como mi Salvador. Yo quería ser tan feliz como ellos, pero no lo era. No recuerdo ni siquiera haber dudado de Jesús, pero estaba casi segura de que mi conversión no había ido lo suficientemente lejos como se esperaba. Incluso, me preguntaba en voz alta si debía ir más allá y recibir las oraciones del ministro una vez más. Nadie pensaba que esta era una buena idea.

Con el paso del tiempo, Kelly y yo nos distanciamos y yo dejé de ir a su iglesia. Me hice de nuevos amigos que eran cristianos y comencé a ir con ellos a un grupo llamado Vida Joven, en nuestra escuela. En ese tiempo canté en varios coros escolares y el director del coro era un hombre amable y cristiano. Él me cuidó cada vez que pudo. Mirando hacia atrás, me doy cuenta que hubo todo tipo de personas cuidándome, y la mayoría de ellas eran cristianas.

Una día, el ministro local se apareció en nuestra clase de coro e invitó a los que estaban interesados a unirse al coro de la iglesia en una gira de canto a México. ¡México! Mis amigos y yo nos enrolamos en esa oportunidad y pronto nos encontramos acogidos por otra comunidad de fe, esta vez una del tipo que llaman desde el altar y la gente acepta a Jesús en su corazón. Me hice amiga cercana de la hija del ministro y albergué una pasión secreta por su hermano mayor, quien dirigía el coro.

Cuando llegó el momento, viajamos en bus y cantamos por todo lo alto a Jesús en pequeñas iglesias en el sur de Colorado y a través de Nuevo México hasta los pueblos El Paso y Juárez, en la frontera entre Texas y México. En Juárez, sentí la incongruencia de cantar sobre el amor de Jesús en una iglesia con un piso sucio, entre gente tan pobre que sus niños no tenían zapatos. Nunca debatimos sobre su pobreza mientras ensayábamos las canciones—nuestra meta era ayudarlos a aceptar a Jesús como su Salvador. Cuando nos íbamos, una muchacha tomó mi mano. Caminamos hacia afuera juntas y entonces ella me regaló una pulsera. Yo, abrumada por su generosidad, hice entonces una promesa en mi corazón de regresar algún día a Juárez, y cambiar su vida. Nunca la vi otra vez, pero a través de ese encuentro algo cambió en mí. Ese fue otro cambio en mi vida.

Cuando regresamos de Colorado, el ministro, quien se dio cuenta que yo estaba en dificultades en muchos niveles, me sugirió que me bautizara. Mi bautismo de infante no significaba nada, dijo él, ya que yo era muy pequeña como para hacer un compromiso personal de seguir a Jesús. Yo acepté, con la esperanza de finalmente tener una experiencia de conversión adecuada y de conocer por mí misma el gozo y la paz de los cuales cantábamos en el coro. Así que un domingo en la tarde fui bautizada en la piscina del complejo de apartamentos donde vivía el ministro. No estoy segura de que esto haya cambiado mucho, a no ser mi permanencia en la iglesia. Cuando el matrimonio entre mi padre y mi madrastra terminó, yo viví por un tiempo con el ministro de la iglesia y su familia. Yo estaba bien comprometida.

Gradualmente, sin embargo, mi identidad como cristiana se hizo más fuerte. Aprendí por mí misma y de otros cristianos comprometidos. Sentí el poder de la ayuda de una comunidad cristiana mientras mi vida familiar colapsaba. Tuve buenos amigos. Todavía tenía problemas en aceptar algunas de las creencias eclesiales más rígidas. Simplemente yo no podía reconciliar el amor de Jesús con la noción de que solo unos pocos—aquellos que creían exactamente como nosotros—serían salvos. Anhelé un lugar donde hablar sobre mis conflictos internos, pero al intentar hacerlo solo parecía lograr que otros alrededor de mí se incomodaran. Quise hablar sobre la brecha entre lo que oramos los domingos en la mañana y cómo exactamente vivimos nuestras vidas. Pero tampoco había espacio para esta conversación. No había espacio para la ambigüedad o la duda, y yo estaba sintiendo mucho de ambas.

De una cosa yo estaba cada vez más clara: ya era tiempo de regresar a vivir con mi madre. Yo no quería dejar a mis amigos, pero yo sabía, con más claridad que nunca, que tenía que irme. El ministro y su esposa aceptaron que yo tenía que estar con mi familia, aunque ellos estaban preocupados de que yo "perdiera el camino" si no encontraba otra "iglesia de creyentes". Yo ya sabía que no iba a buscar ese tipo de iglesia, pero yo no estaba rechazando a Jesús. De hecho, yo me sentía más cerca de Jesús que antes. Irme de Colorado por mí misma fue terrible y doloroso, la decisión más difícil que tomé en mi juventud, pero yo no me sentía sola. Yo sentía a Jesús conmigo, y en gratitud cambié mi rumbo hacia él.

Algunas veces me pregunto si yo hubiese continuado siendo cristiana si me hubiese quedado en Colorado. Estoy muy agradecida de las comunidades que me hicieron conocer a Jesús y que me dieron la bienvenida, pero no estoy segura cuánto más hubiese durado entre los confines de esas creencias no negociables. Pero como por gracia, el regreso a vivir con mi madre también me trajo de vuelta a la congregación episcopal a la que yo había asistido cuando niña y en la que mi madre era entonces una líder laica.

Yo le debo mi fe de toda una vida y la vocación a la Christ Episcopal Church, la cual estaba en ese entonces en Stanhope, New Jersey, y al ministro, el Rev. Richard Constantinos, quien me acogió bajo su protección y me ayudó a transitar a través de mis eternas preguntas. Cuando le dije que yo no creía que solo un grupo pequeño de cristianos sería salvo, sin importar lo que significaba ser salvo, él estuvo de acuerdo conmigo. "Una buena regla de oro cuando pensamos sobre Dios", me dijo él, "es asumir que si no hacemos algo por ser amoroso y bondadoso, entonces Dios—quien es la fuente de todo amor—lo hará de cualquier forma." Esa idea cambió mi vida y sigue siendo fundacional para mí. Al Obispo Presidente Curry le gusta decir algo similar: "Si no es sobre el amor, no es sobre Dios." Entonces sentí otro cambio hacia una comprensión más amplia de Jesús y de lo que significaba seguirle.

Unos años después, los horizontes de mi fe se expandieron otra vez cuando me presentaron a unos cristianos cuyas fe los impulsaron hacia el trabajo por la justicia social. Esto ocurrió durante las guerras centroamericanas en los años ochenta, cuando hombres y mujeres de fe murieron por su compromiso de defender a los pobres. Yo estaba en la universidad y formaba parte de un grupo de cristianos que luchaban activamente por un cambio en nuestra política exterior. Yo sentía lo justo de nuestra causa, aunque otros cristianos apoyaban otra política exterior en el nombre del anticomunismo. En la universidad conocí también por primera vez a gays y lesbianas que luchaban por el derecho a ser ellos mismos y a ser aceptados completamente en la sociedad. Algunos de los activistas gays y lesbianas más elocuentes y abiertos que conocí eran cristianos, incluso cuando otros cristianos los rechazaban con una interpretación de las escrituras que condenaba lo que ellos llamaban "el estilo de vida homosexual".

Fue en esos años formativos de la universidad que estudié por primera vez la vida y los escritos del Rev. Martin Luther King Jr. De igual forma, leí todo lo que llegaba a mis manos sobre la lucha por los Derechos Civiles, tema del que no tenía conciencia cuando era una niña en la década de los sesentas, incluso aunque veía a cristianos en ambos bandos de la gran lucha por la justicia racial. Muchos de aquellos que yo sabía en mi corazón que estaban en el lado erróneo, eran las mismas personas que me habían presentado a Jesús. Incluso mi amado sacerdote episcopal, quien se había convertido en un padre sustituto en mi vida, estaba en contra de la dirección que estaba tomando mi vida.

Este fue otra vez un punto de giro hacia la expresión de la justicia social en el evangelio de Jesús. En ese tiempo yo adoraba junto a católico romanos y cuáqueros socialmente comprometidos. Mi primer trabajo después de la universidad fue en una agencia metodista de servicio social en Tucson, Arizona, a través de la cual intentábamos ayudar económicamente a refugiados del Cinturón Oxidado[4] y de Centroamérica, quienes buscaban asilo político en Canadá. Aunque yo era la única persona en mi trabajo y en mi círculo social que pertenecía a la Iglesia Episcopal, nunca pude obligarme a dejarla. Encontré una iglesia episcopal en Tucson y adoraba allí. Cuando me preguntaban por qué, la única explicación que podía dar era: "Se siente como en casa."

Comparto mi experiencia aquí para ilustrar cómo cambiar el rumbo hacia Jesús no es algo que hacemos una vez. Por el contrario, cambiar es parte de nuestro peregrinar a través de la vida y cambia y crece mientras cambiamos y crecemos. La primera vez que fui adelante en una iglesia para aceptar a Jesús como mi Salvador y Señor fue el primer punto de cambio consciente, pero ha habido muchos otros, algunos más dramáticos que otros. En cualquier punto del camino pude haber decidido cambiar de rumbo o alejarme del camino de seguimiento a Jesús, como muchos han hecho. Pero no puedo decir que esto fue algo que consideré seriamente.

Hay una historia en el Evangelio según Juan que cuenta una ocasión en la que los discípulos de Jesús cambiaron de rumbo

---

4. El Cinturón Oxidado (Rust Belt) incluye las partes noreste y oeste central de los Estados Unidos, caracterizadas por el declive industrial, fábricas antiguas y reducción de la población. Ciudades que producen acero como Pennsylvania y Ohio son parte de esta región [Nota del Traductor].

después de que él les predicara un mensaje particularmente desafiante. En ese momento, Jesús se dirigió hacia sus discípulos más cercanos, los doce que habían estado con él desde el comienzo. "¿También ustedes quieren irse?" Simón Pedro le respondió: "Señor, ¿a quién iremos? Tú tienes palabras de vida eterna. Y nosotros hemos creído, y sabemos, que tú eres el Cristo, el Hijo del Dios viviente" (Juan 6:66–69). Claramente, ellos habían caminado demasiado con Jesús como para darle la espalda en ese momento.

Yo he respondido en muchas ocasiones de la misma forma en momentos fundamentales de mi vida. No importó el reto, no importaron las nuevas miradas o las experiencias recibidas, no importó la iglesia ni aquellos que profesaron seguir a Jesús y luego traicionaron sus enseñanzas principales; yo nunca sentí que había otro camino para mí. Tampoco nunca me sentí obligada a juzgar a aquellos que no se sentían llamados a la vida cristiana. Para que la fe sea auténtica debe ser escogida libremente, no por miedo o a la fuerza, sino en respuesta a un amor convincente.

De forma similar, cuando regresé a la Iglesia Episcopal yo estaba en la escuela secundaria. Yo nunca había considerado seriamente dejarla, aunque yo adoré libremente y muy a menudo en otras tradiciones y fui animada a buscar la ordenación en dos de ellas. No es que yo he visto a la Iglesia Episcopal a través de lentes color rosa. Durante mi vida he sido dolorosamente consciente de nuestras debilidades institucionales, y continuamente me molestan y me frustran. Sin embargo, mi amor por la Iglesia Episcopal y la sensación de estar en casa dentro de ella son más profundos de lo que puedo explicar. Puedo identificar varios factores para esto: la conexión mística con Cristo en la Eucaristía, el rigor intelectual y abierto de su teología, los ejemplos valientes de líderes episcopales que he conocido. Pero al final, lo que digo con confianza es que yo simplemente me siento llamada a seguir a Jesús en y a través de la Iglesia Episcopal.

Cuando mi trabajo con los metodistas estaba llegando a su fin, reuní el coraje para entrar oficialmente en el proceso de ordenación en la Iglesia Episcopal. Había una parcialidad fuerte en aquellos años contra los adultos jóvenes que buscaban la ordenación. A personas como yo, en los inicios de nuestros veinte años de edad, se nos decía que buscáramos empleos seculares por algunos años antes de explorar la ordenación. Si yo recibía esa respuesta, mis amigos clérigos metodistas me aseguraron que había un lugar para mí entre ellos. Pero yo sabía que al menos necesitaba intentar servir en la iglesia en la que me sentía como en casa.

Yo también necesité regresar a New Jersey, porque la Diócesis de Arizona no estaba abierta todavía a la ordenación de mujeres. Esto significó procurar la bendición de Richard Constantinos, quien había sido una influencia formativa en mi vida, y quien nunca me había animado a buscar la ordenación en nuestras conversaciones. Mientras viajaba hacia casa, la imagen de tocar a la puerta vino una y otra vez a mí. Mi primer cambio de rumbo hacia Jesús implicó abrir la puerta de mi corazón para dejarlo entrar. Ahora yo estaba tocando la puerta de la Iglesia Episcopal para ver si sería aceptada potencialmente como una sacerdote. Para mi sorpresa, cuando me reuní con Constantinos este me dijo: "Yo estaba esperando que fueras clara contigo misma." Y después con el obispo. Y después con la Comisión de Ministerio. Para mi asombro y eterna gratitud, cada puerta que toqué se abrió ante mí.

Como parte de mi proceso de ordenación era requerido escribir una autobiografía espiritual, la cual fue una experiencia reveladora. Antes de ese ejercicio de reflexión profunda, yo había considerado mi vida como una serie de episodios aleatorios, a menudo caóticos y sin relación. Pero como escribí en aquella ocasión, me di cuenta de que había, de hecho, una historia en mi vida. En retrospectiva yo podía ver más claramente algo que yo intentaba describir: las vías en las que Jesús se me reveló o me guio en momentos decisivos, sin siquiera estar consciente de esto.

También fue revelador reconocer el papel vital de otros cristianos en mi vida, aquellos que encarnaron una fe viva que yo admiraba y quería emular. A veces se dice que la fe cristiana es alcanzada, no enseñada, ya que son los ejemplos vivos de fe los que más inspiran, más que cualquier cosa que podamos leer en las escrituras. Esto fue cierto para mí y continúa siéndolo. Mirando hacia atrás, puedo ver la importancia de mi respuesta, de haber cambiado mi camino hacia Jesús, y que él, a cambio, honrara mis mejores e imperfectas intenciones de seguirlo.

También me di cuenta, en formas que realmente me preocuparon, cuán herida y rota yo me sentía interiormente. En la superficie yo tenía la habilidad de comunicar una confianza que raramente sentía. Yo estaba vulnerable, necesitada y llevaba una pesada carga de culpa. Afortunadamente para mí, el proceso de ordenación incluyó un examen psicológico a profundidad. Es suficiente decir que yo estaba aterrorizada. Seguramente el psicólogo vería todo lo que yo estaba haciendo para mantener escondido lo peor de mí. De hecho, yo creo que él se dio cuenta. Él indicó lo que para mí fueron observaciones devastadoras sobre mi vida interior. Gentilmente, él me dijo que yo tenía mucho trabajo por hacer y me recomendó buscar a un terapeuta cuando fuera al seminario. Yo miré directamente hacia sus ojos. ¿"Usted dijo "cuando vaya al seminario"? Yo casi no podía creer que a pesar de todas mis faltas, él hubiese visto en mí la materia para una sacerdote.

Yo he tenido un largo camino desde ese primer paso consciente que di hacia Jesús, dentro de un contexto cristiano extremadamente fundamentalista, e incluso desde mis primeros pasos hacia el liderazgo ordenado en la Iglesia Episcopal. Los cambios continuos de rumbo y la transformación en mi vida continúan. Una de las muchas razones por las que estoy agradecida de ser parte de la Iglesia Episcopal es que cada domingo somos invitados a venir adelante e invitar a Jesús a entrar en nuestros corazones. Cada semana, él viene a nosotros en la simbólica última cena. Cambiar el rumbo no significa tener una experiencia para toda la vida, sino algo que escogemos cada día. Como escribe C. S. Lewis, "confiar en Dios tiene que comenzar nuevamente cada día como si nada hubiese sucedido anteriormente."[5]

Cambio diario

El Camino del Amor nos invita a tomar un pequeño paso hacia Jesús cada día, recordándonos a nosotros mismos mientras lo hacemos, que él fue quien primero tomó el primer paso hacia nosotros. Puede ser útil para ti, como fue para mí, considerar la historia completa de tu vida y los momentos de cambio en la vida y en la fe que puedes identificar fácilmente en retrospectiva. Una práctica diaria de cambio puede sentirse como un ejercicio rutinario sin el contexto más amplio de encuentro espiritual e invitación que está en el corazón de una relación con Jesús. Así como nuestros antepasados espirituales se tomaron el tiempo para escribir sus experiencias de encuentro santo para no olvidarlos y poder pasarlos a otros, nosotros hacemos bien recordando nuestros propios momentos cruciales en el evangelio de nuestras vidas. Si nunca has escrito una autobiografía espiritual, puedes comenzar con eso. Al recordar esos momentos santos y luego adoptando una práctica intencional y diaria de cambio de rumbo hacia Jesús, nos abrimos a la experiencia de su presencia amorosa y recordamos que su amor está ahí para nosotros, incluso cuando no lo sentimos.

Cuando decidimos cambiar nuestro rumbo hacia Jesús como una práctica diaria, la primera cosa de la que nos damos cuenta es que algunos días somos mejores que otros. No siempre somos buenos cambiando nuestro rumbo hacia él. Para decir lo que es obvio: cambiar de rumbo requiere práctica. Es útil comenzar con una evaluación personal de nuestra rutina matutina temprano. Cuando nos levantamos de la cama, existen necesidades físicas que satisfacer, así que generalmente nos dirigimos hacia el baño. Puede que vayamos

---

5. W. H. Lewis, ed., *Letters of C. S. Lewis* (Orlando, FL: Hancourt, 1986), 220.

inmediatamente después a la cocina en busca de comida o café. Si hay otras personas por las cuales preocuparnos en la mañana, también lo hacemos. Muchos de nosotros tenemos quehaceres matutinos. A algunos de nosotros nos gusta hacer ejercicios en la mañana. ¿Dónde cabe en ese horario una práctica diaria de cambio de rumbo?

Mi sugerencia es esta: en algún momento después de despertarte y antes de chequear tu teléfono, encender otro aparato eléctrico o hacer cualquier otra cosa diferente a interactuar con el mundo alrededor de ti, busca una forma de cambiar tu rumbo hacia Jesús. Cambia conscientemente tu mente, tu ojo interno, hacia él. Esto puede incluir decir una oración mientras te levantas, cuando te estiras, te miras al espejo o tomas una ducha. Puede ser algo tan simple como recordar que él está ahí.

Desde que conscientemente adopté el Camino del Amor como mi regla de vida, intento cambiar mi rumbo hacia Jesús cada día al levantarme. No siempre lo recuerdo, pero cuando lo hago, me detengo, respiro y le doy gracias por el día, le ofrezco cualquier cosa que estoy sintiendo o pensando y le pido su guía y fortaleza. He notado que cuando me acuerdo de comenzar cada mañana cambiando mi rumbo hacia él y algo o alguien toma mi atención más tarde—incluso aunque parezca ser una interrupción—es más probable que note su presencia en ese encuentro. Al final del día es también útil reflexionar sobre lo que sucedió y preguntarme: "¿Dónde estuvo presente Jesús? ¿Dónde sentí su presencia o dónde lo extrañé porque no estaba prestando atención?"

La práctica diaria de cambiar de rumbo es, por definición, breve, y es complementada de la mejor forma con las siguientes dos prácticas en el Camino del Amor: *aprender* y *orar*. Incluso, si no es posible un tiempo más largo para aprender o para orar intencionalmente, el pequeño esfuerzo de cambiar nuestra mirada hacia Jesús, cuando es practicado diariamente, tiene el efecto de abrir nuestros corazones y mentes para recibirlo y así estar disponibles para él a través del amor hacia los otros.

Cambio como arrepentimiento

Hay además otra dimensión de cambio de rumbo hacia Jesús que debemos recordar, la cual está en el corazón del mensaje de Jesús sobre el arrepentimiento. "El tiempo se ha cumplido, y el reino de Dios se ha acercado. ¡Arrepiéntanse, y crean en el evangelio!" (Marcos 1:15). La palabra *arrepentimiento*, traducida del griego *metanoia*, significa un cambio de corazón o mente. Existe una fuerte asociación con el término *remordimiento*—es decir, que guardamos cosas que hemos hecho o dicho y nos arrepentimos de ellas—a la vez que existe un compromiso de cambiar el rumbo, literalmente dar la vuelta y caminar en otra dirección.

En la iglesia frecuentemente hablamos sobre el Jesús que perdona nuestros pecados. Lo que eso significa, al menos en parte, es que cuando sabemos que hemos dicho o hecho algo malo, o cuando hemos cometido un error con consecuencias serias y no sabemos cómo hacer las cosas bien, podemos dirigirnos hacia Jesús. Cuando lo pedimos, él nos perdona. Y más que eso, él nos ayudará a enmendar las cosas y a comenzar nuevamente. Él caminará con nosotros durante cada paso del camino. Pedir por perdón no significa olvidar o pretender que lo que fue hiriente o malo nunca pasó. El regalo del arrepentimiento es encontrar un camino que nos aleje del dolor, un camino para enmendar lo que hicimos y para liberarnos de la carga de lo que hemos hecho.

Así que, cuando la vida se hace dura, no es nuestra culpa y necesitamos ayuda, Jesús es uno al que podemos dirigirnos. Ya apunté anteriormente que cuando era adolescente y estaba sola, asustada y en necesidad de ayuda, Jesús estaba allí para mí. Yo sentí su presencia y su fortaleza.

Si estás pasando por momentos duros ahora, yo oro porque te atrevas a creer que puedes dirigirte a Jesús. Espero que sepas que él está ahí para ti, para aquellos a quienes amas y para los que tienen el corazón quebrantado en este mundo. Jesús no hace desaparecer milagrosamente lo que es difícil. Lo que Jesús da es fuerza y coraje interior. Él actúa a través de otras personas que aparecen y nos ayudan. Como se dicen frecuentemente, él puede crear una salida donde no había una.

Hay un elemente de fe en cambiar nuestro rumbo hacia Jesús, una voluntad de confiar en lo que no sabemos con seguridad. Las experiencias espirituales de invitación y respuesta no son fácilmente explicadas o comprendidas. Estas son lo suficientemente efímeras y ambiguas para nosotros, al punto de que nos inventamos justificaciones para negar la posibilidad de que queremos dirigirnos hacia Jesús. El mundo está lo suficientemente lleno de expresiones distorsionadas, poco atractivas y faltas de amor en el cristianismo al punto di poder convencer a cualquiera que todo el mensaje cristiano es una farsa. La seguridad del amor de Dios puede convertirse, si lo permitimos, en la historia definitiva de nuestras vidas para aquellos que han tenido la experiencia del encuentro con Jesús y han tomado los pasos hacia él como respuesta. Como los primeros discípulos de Jesús, hemos llegado a creer y a saber que él es Dios-con-nosotros. A través de él hemos recibido gracia sobre gracia. No hay otro lugar al que nos pudiéramos dirigir, no hay otro camino a tomar.

Cambiar es la primera de las siete prácticas en una vida centrada en Jesús. Este es el punto de partida, cuando tomamos la decisión de cambiar nuestro rumbo hacia aquel que ha venido primero a nosotros. Él caminó hacia nuestras vidas de la misma forma que lo hizo con Simón, llamando nuestra atención, invitándonos a cambiar el rumbo y a seguirle. Esta no es una decisión que hicimos una sola vez, sino diariamente, al dirigirnos hacia él y seguir el camino al que él nos guía. De esa forma nos dirigimos hacia Aquel que primero se dirigió a nosotros en amor.

2

Aprender

REFLEXIONA SOBRE LA ESCRITURA CADA DÍA, ESPECIALMENTE SOBRE LA VIDA Y LAS ENSEÑANZAS DE JESÚS

"El reino de los cielos es semejante a un tesoro escondido en un campo. Cuando alguien encuentra el tesoro, lo esconde de nuevo y, muy feliz, va y vende todo lo que tiene, y compra ese campo." —Mateo 13:44

LA SEGUNDA PRÁCTICA PARA UNA VIDA centrada en Jesús nos invita a reflexionar diariamente sobre las Sagradas Escrituras, especialmente sobre la vida y las enseñanzas de Jesús.

Como contexto para explorar los frutos de esta práctica, me gustaría tratar el tema de aprender sobre Dios y de Dios en términos amplios, ya que Dios está en todas partes. A cualquier lugar que vayamos, todo lo que sucede, cada persona que conocemos, puede ser un medio a través del cual crecemos en conocimiento y amor de Dios. Periódicamente me encuentro con un sacerdote jesuita en busca de consejo espiritual. Cuando comparto con él las alegrías y los retos de mi vida, él me pregunta: "¿Qué está intentando enseñarte Dios a través de estas experiencias?", o "¿cómo está Dios dando forma a tu corazón?"

Para enmarcar las muchas formas en que podemos aprender sobre y de Dios, me dirijo a una de las oraciones más hermosas y abarcadoras del Libro de Oración Común de la Iglesia Episcopal (página 727), titulada simplemente "Acciones de Gracias en General". Vale la pena aprenderse de memoria esta oración ya que habla de la amplitud y profundidad de la vida, de cómo Dios se revela a nosotros a través de toda la vida, y como resultado, cómo podemos vivir con gratitud, incluso en tiempos de dificultades. Así comienza la oración:

Acepta, oh Señor, nuestra gratitud y alabanza por todo lo que has hecho por nosotros. Te damos gracias por el esplendor de la creación entera, por la belleza de este mundo, por el milagro de la vida y por el misterio del amor.

Cada rincón de la creación habla del poder maravilloso de Dios: "la vasta extensión del espacio interestelar, las galaxias, los soles, los planetas en su trayectoria";[1] el milagro del nacimiento de un bebé, el olor a pan fresco, el sonido de alguien cantando, el sol subiendo y calentando cada día.

La creación es incluso más fuerte que nosotros y somos más vulnerables de lo que pensamos con relación a otros elementos cuando nos enfrentamos a todo el poder de la naturaleza. El poeta David Whyte pasó varios años cuando era joven en las Islas Galápagos, en la costa de Ecuador. El escribió sobre lo que significa estar en una parte del mundo virtualmente intocable por la especia humana: "He podido estudiar la naturaleza en toda su gloria, aunque una parte secreta de mí encontró Galápagos en su forma cruda, lo cual es intensamente atemorizante. En cada lugar que fui, vi animales viviendo y muriendo según la misericordia, lo cual mi mente no podía comprender."[2] Los seres humanos parecen no tener lugar allí, como si nuestra existencia fuera irrelevante.

---

1. Plegaria Eucarística C, Libro de Oración Común, 393–394.

2. David Whyte, *Crossing an Unknown Sea: Work as a Pilgrimage of Identity* (New York: Berkeley, 2001), 33.

El antiguo poeta irlandés John O'Donohue escribió de nuestro lugar en la vasta expansión de la creación: "Los humanos somos nuevos aquí. Encima de nosotros las galaxias danzan hacia el infinito. Bajo nuestros pies está la tierra ancestral. Somos moldeados bellamente de esta arcilla."[3] Después de todo, es un milagro que existamos, que estemos aquí, que hayamos evolucionado como especie y que podamos pensar y sentir. Aprendemos de Dios, en quien vivimos y nos movemos y somos, así como vivimos y respiramos, así como prestamos atención tanto a la naturaleza que nos rodea como al espacio interior de nuestras almas.

Aprender del Amor

> Te damos gracias por la bendición de familiares y amigos, y por el tierno cuidado que en todo momento nos rodea.

Aprendemos del amor a través de experiencias de ser amados. No hay otra forma. Las personas que son criados por padres amorosos y emocionalmente maduros, son bendecidos con una sólida fundación a través de la cual experimentan relaciones amorosas a través de sus vidas, incluyendo una relación amorosa con Dios. Jesús mismo se dirigió a Dios en oración como *Abba*, el término más íntimo y familiar para el vocablo *padre* en su idioma. Aquellos criados con una falta severa de amor humano tienen dificultades para confiar en el amor de Dios. Aunque ningún ser humano ama de forma perfecta, es a través del amor de otras personas, aunque este sea imperfecto, que aprendemos algo sobre el perfecto amor de Dios.

"Hay poder en el amor", predicó el Obispo Presidente Curry en la boda real en mayo del 2018:

> Si no me creen a mí, piensen en una ocasión en que ustedes se enamoraron por primera vez. El mundo entero parecía estar

---

3. John O'Donohue, *Anam Cara: Spiritual Wisdom from the Celtic World* (Great Britain: Bantam, 1997), 15.

centrado en ti y en tu persona amada. Oh, hay poder en el amor. No solo en su forma romántica, sino en toda forma de amor. Hay cierta sensación a través de la cual cuando eres amado, cuando le importas a alguien y tú lo sabes, cuando tú amas y lo demuestras— se siente muy bien.[4]

La imperfección humana a la hora de amar crea en nosotros un anhelo por un amor no roto e incondicional. Cuando llegamos a conocer y a confiar en el amor incondicional de Dios revelado a nosotros en Jesús, crecemos en nuestra capacidad de aceptar las fallas humanas al amarnos a nosotros mismos y a otros.

Si lo que experimentamos en las relaciones humanas no es amor, su falta no proviene de Dios, incluso aunque esto sea comunicado por alguien que habla o actúa en nombre de Dios. Yo siento que esta es una afirmación que vale la pena ser repetida por muchos que han sido heridos por enseñanzas crueles y prejuiciosas en nombre de Dios. Si experimentamos cualquier tipo de abuso o maltrato de parte de otra persona en el nombre de Dios, lo que estamos experimentando no es Dios, porque Dios es amor.

Joan Chittister nos cuenta de un momento de cambio en su niñez cuando uno de sus maestros dijo algo muy poco amoroso en el nombre de Dios. Al crecer en los años 1940, Joan vivió en un barrio predominantemente católico y asistió a una escuela católica. En aquellos años las barreras que separaban a los católicos romanos de los protestantes eran estrictas e intransigentes en muchas partes de Estados Unidos. Muchos protestantes veían a los católicos romanos con sospecha, y muchos católicos sentían lo mismo de los protestantes.

Joan, sin embargo, fue criada en lo que se consideraba un matrimonio religiosamente mixto. Su madre era católica, su padre era protestante. Joan no le prestaba mucha atención a las diferencias religiosas de sus padres hasta un día en la escuela cuando su maestra dijo algo que la aterrorizó. Joan corrió hacia su casa y habló

---

4. Michael Curry, *The Power of Love* (New York; Random, 2018), 8.

con su madre antes de que su padre llegara a casa del trabajo. Su madre le preguntó que estaba pensando:

> "La maestra dijo que solo los católicos irán al cielo", dije suavemente. "Oh, ¿de veras?", me dijo mi madre mientras trabajaba frente al fregadero. "¿Y qué crees tú, Joan?" Yo respiré profundamente. "Yo creo que la maestra está errada", dije. "¿Y por qué piensas que la maestra dijo algo que está errado?", insistió mi madre. En otras palabras, a la maestra le faltaba alguna evidencia . . . Ella no sabía lo que yo sabía. Yo miré atentamente. Mi evidencia estaba justo frente a mí, sonriendo. Hasta el día de hoy todavía puedo verla mirando, puedo sentir el roce de su delantal en mi rostro. Ella sacudió la espuma de sus manos, me acercó a su vientre tibio y duro y dijo: "Así es, mi amor, así es".[5]

Hoy podemos tener un tiempo difícil si queremos encontrar a un católico romano que crea que cada persona que no es católico irá al infierno. Y la mayoría de los protestantes no creen que la misma suerte les espera a los católicos. Joan es ahora una monja, pero ella fue bendecida de niña con el amor que la rodeó y que trascendió la falsa división entre católicos y protestantes en su tiempo. El amor le dio el coraje de pensar por ella misma en respuesta a la figura de autoridad que le decía algo que ella sabía que estaba errado. De forma intuitiva, ella sabía que lo que no era sobre el amor, no era de Dios.

Aprender de la Creatividad

Te damos gracias porque nos das tareas que requieren nuestros mejores esfuerzos, y porque nos guías hacia logros que nos satisfacen y deleitan.

Aprendemos algo de la energía creativa de Dios cuando somos inspirados a hacer tareas imaginativas. Yo creo que nos sentimos en

---

5. Joan Chittister, *In Search of Belief* (Liguori, Missouri: Liguori Triumph, 1999), 12.

casa en el mundo cuando descubrimos, desarrollamos y expresamos nuestra creatividad personal y única. El trabajo mismo es tan variado como nosotros mismos. Para algunos, nuestro verdadero trabajo es nuestra profesión y oficio. Podemos incluso estar trabajando en un jardín, limpiando una casa, cuidado a unos niños, cantando en el coro, sirviendo en el altar en la iglesia. Puede ser a través de trabajos artísticos o a través de actos de compasión.

A menudo nuestro trabajo más satisfactorio y placentero no es lo que ayuda a pagar nuestras cuentas, aunque sentimos satisfacción en el trabajo hecho bien. Lo mismo puede ser dicho de nuestras tareas diarias, aquellas que simplemente necesitan ser realizadas. El trabajo que nos gusta y satisface es aquel que nos provoca dar nuestro mejor esfuerzo sin importar el costo; es aquel que mejor se relaciona con la energía creativa de Dios. En lenguaje espiritual, este trabajo es nuestra vocación, nuestro llamado y es parte de la razón por la que estamos aquí.

Mi esposo Paul trabajó profesionalmente por muchos años haciendo algo que él sabía hacer bien. Le dio satisfacción y a través de su trabajo, ayudó a proveer para nuestra familia. Pero la vocación más profunda de su vida está en otra parte.

Paul ama observar y estudiar las aves, una pasión que aprendió de su padre cuando era muchacho. Él puede identificar miles de especies de aves con solo mirarlas o escucharlas cantar. A través de los años él trabajó y ayudó a criar a nuestros hijos, él encontró tiempo—nunca el suficiente según su opinión—para salir en búsqueda de las aves. Yo llegué a reconocer esa mirada en sus ojos cuando él abordaba el tema de un viaje para observar aves. Algunas veces él "sobornaba" a nuestros hijos pequeños con una parada en Diary Queen si ellos lo acompañaban a una expedición. Él se quedaba despierto hasta tarde grabando patrones de migración, escribiendo artículos para revistas de ornitología y actualizando su lista.

Ahora que Paul ya está retirado, él es libre de perseguir su pasión por las aves alrededor del país y del mundo. Cuando está en casa, él pasa horas catalogando fotografías, escribiendo artículos y libros sobre sus viajes y preparando su próxima excursión. No es siempre fácil vivir con alguien con una pasión tan singular, pero la vocación de Paul es obedecer el mandamiento de Jesús: *miren las aves*. Me maravilla su dedicación. Él no solo aprende del genio creativo de Dios, sino que lo comparte a través de este trabajo que disfruta y lo satisface.

Aprender del Dolor

Te damos gracias también por las desilusiones y fracasos que nos enseñan a reconocer que dependemos solo de ti.

Las Acciones de Gracias en General entran ahora en un terreno desafiante. ¿Cómo podemos agradecer a Dios en la tristeza? ¿Qué podemos aprender de Dios cuando nuestros corazones están rotos, cuando enfrentamos una tragedia o cuando cargamos el peso de nuestros fracasos? Podemos aprender de la compasión y del perdón de Dios, frecuentemente mediado por aquellos que caminan con nosotros y nos libran de la culpa que sentimos. Podemos aprender que fracasar, aunque es insoportablemente doloroso, no cuenta toda la historia sobre nosotros.

No quiero minimizar el dolor que experimentamos cuando nos sentimos decepcionados o fracasados y dirigirme rápidamente a lo bueno que proviene de esto por la gracia de Dios y la perseverancia humana. El dolor puede ser devastador y el sentimiento de pérdida puede paralizarnos por mucho tiempo. Yo soy una entre muchos que están agradecidos por el trabajo del Dr. Brené Brown, cuyos libros y charlas han ayudado a remover el estigma del fracaso. Un libro en particular, *Raising Strong* (*Levántándonos fuertes*) ha sido una tabla de salvación para mí, ya que ella describe allí el doloroso proceso de levantarse después de haber caído bien profundo.

Sí, no puede haber aprendizaje, innovación o creatividad sin fracaso. Pero fracasar es doloroso ya que alimenta los "debes" y "tienes que", lo que significa que juicio y vergüenza están cerca. Sí, yo coincido con Tennyson, quien escribió: "Es mejor haber amado y haber fracasado que no haber amado en lo absoluto". Pero los dolores por amor te dejan sin aliento, y los sentimientos de pérdida y anhelo son un gran obstáculo a la hora de levantarte de la cama . . . Sí, si nos importa lo suficiente y si nos atrevemos lo suficiente a experimentar la desilusión. Pero en esos momentos cuando la decepción está corriendo por nosotros y estamos desesperadamente intentando que nuestros corazones y mentes sientan lo que viene después, la muerte de nuestras expectativas puede ser muy dolorosa.[6]

En ese momento, en el dolor, la misericordia de Dios viene a nosotros, frecuentemente mediada por la bondad de otros o en la quietud de la oración.

Las palabras de un antiguo himno describen maravillosamente lo que Dios quiere que aprendamos en los más duros momentos:

Hay amplitud en la misericordia de Dios

Como la amplitud del mar.

Hay amplitud en la justicia de Dios

Que es más que libertad.

No hay lugar donde el pesar de la tierra

Sea más sentido que en los cielos.

No hay lugar donde los fracasos de la tierra

Encuentran tal juicio amoroso.[7]

---

6. Brené Brown, *Rising Strong* (New York: Random House, 2015), Kindle Edition, Location 248, 255.

7. "There is a Wideness in God's Mercy", *The Hymnal 1982* (New York: Church Hymnal, 1982), hymn 469, 470.

Dios está ahí para perdonar, para restaurar y sí, también para dar lecciones cuando nuestros corazones están rotos, cuando hemos perdido nuestro camino o cuando hemos fallado y debemos comenzar otra vez.

Aprender de Jesús

Sobre todo, te damos gracias por tu Hijo Jesucristo; por la verdad de su Palabra y el ejemplo de su vida; por su fiel obediencia, con la cual venció a la tentación; por su muerte, con la que venció a la muerte; y por su resurrección, en la que somos resucitados a la vida de tu reino.

Danos el don de tu Espíritu, para que conozcamos a tu Cristo y le manifestemos; y que, por medio de él, te demos gracias en todo tiempo, en todo lugar y en todas las cosas.

Las últimas dos afirmaciones de esta oración de acción de gracias cambian nuestra mirada, al fin, hacia Jesús, al describirlo de tal forma que nos hace querer conocerle mejor. ¿Y a dónde recurrimos para aprender la verdad de la palabra y el ejemplo en la vida de Jesús? A las narraciones bíblicas de "la verdad de su palabra y del ejemplo de su vida".

Esto nos lleva a la segunda práctica diaria en el Camino del Amor: *aprender* de Dios y en particular del amor de Jesús al leer y reflexionar sobre su vida y enseñanzas. Podemos aprender sobre Jesús de muchas formas, y podemos experimentar su amorosa presencia a través de todo tipo de encuentro. Sin embargo, hay una mejor forma de conocerlo y de crecer en nuestra relación con él, más allá de pasar tiempo cada día leyendo y meditando sobre su vida y enseñanzas. En los textos del evangelio escuchamos su voz y lo encontramos a través de las voces de aquellos que lo conocieron cuando estaba entre ellos, y de aquellos cuyas vidas fueron cambiadas para siempre debido a él. Entonces comenzamos a comprender las razones de por qué aquellos, ante su presencia, se vieron a sí mismos pensando, según las palabras del especialista en religiones mundiales Huston Smith, "si el bien divino se manifestara en forma humana, es así como se hubiese comportado."[8] Ya que los textos bíblicos tienen miles de años y fueron escritos desde una cosmovisión muy diferente a la nuestra, somos sabios al leer con una guía y en el contexto de la comunidad cristiana. Hacemos bien cuando seleccionamos nuestra guía cuidadosamente, porque es posible no solo que seamos confundidos por la Biblia, sino también maltratados e incluso insultados en nuestra inteligencia. Cada prejuicio conocido por la humanidad puede ser justificado por algo escrito en algún lugar de la Biblia. Incluso Satanás citó las escrituras cuando Jesús enfrentó las tentaciones en el desierto (Mt 4:1–11). Sin embargo, hay mucho que ganar solamente si nos sentamos a leer las historias del evangelio sobre la vida de Jesús. No tienes que ser un especialista bíblico para sentir el poder de la presencia de Jesús ante ti mientras lees.

Hay cuatro versiones de la vida de Jesús y cada una nos cuenta su historia desde un punto de vista particular. Si nunca has leído ninguno de los evangelios desde el comienzo hasta el final o si hace tiempo que no lees las escrituras, puedes intentar leer los evangelios en lo que se cree ampliamente que es el orden en que fueron escritos: los Evangelio según Marcos, Mateo y Lucas y finalmente Juan. El Evangelio de Juan es el más complejo y Jesús parece y actúa de forma muy diferente a como lo hace en los tres primeros evangelios. Mientras que el Evangelio de Juan presenta el caso de forma más directa, los cuatro autores escriben desde la convicción de que Jesús es el enviado de Dios, que él fue y es Dios y que a través de él podemos conocer la plenitud del amor de Dios.

8. Huston Smith, *The Soul of Christianity* (San Francisco: HarperSanFrancisco, 2005), 48.

Lee con un espíritu de apertura y curiosidad en el contexto de la oración. Tómate tu tiempo. Si algo te causa problema o te confunde, puedes hacer una o dos cosas: sáltate esa parte y continúa leyendo o ve más en profundidad en tu investigación. No avances mucho cada vez: solo un párrafo o dos, quizás una historia—no más de un capítulo al día. Si quieres más guía o sugerencias para tu aprendizaje, hay muchas herramientas y recursos disponibles. Puedes encontrar una buena selección de estas en el sitio web de la Iglesia Episcopal.[9] Si ya tienes una práctica diaria de leer las escrituras o eres parte de un grupo de estudio bíblico, espero que mis palabras te animen en tu práctica.

Panes y Peces

En el Evangelio de Juan, Jesús le dice a un líder de los fariseos llamado Nicodemo, quien se acercó a Jesús durante la noche, que debemos hablar de lo que sabemos y testificar de lo que hemos visto (Juan 3:11). Es a través de una práctica regular de lectura de las escrituras que aprendemos lo que Nicodemo vio con sus propios ojos—acerca de qué hablar y testificar. Termino este capítulo con un poco de mi testimonio personal, un ejemplo de cómo Dios ha transformado mi vida a través de una historia particular de los evangelios.

Cuando comencé mi vida como sacerdote, yo recién me había convertido en mamá. Como cualquier madre novata puede testificar, la vida es muy ocupada y complicada. Yo no dormía mucho y regularmente sentía que estaba en el lugar equivocado. Cuando estaba en el trabajo, extrañaba estar con mi hijo. Cuando estaba con él, me preocupaba por no estar totalmente presente en el trabajo.

Yo comencé en el ministerio ordenado con un deseo fuerte de estar activa y conectada con la comunidad mayor de Toledo, Ohio, donde vivíamos en ese tiempo. Pero en aquellos primeros años yo

---

9. *https://www.episcopalchurch.org/way-of-love/practice/learn.*

me preguntaba cómo encontraría el tiempo y la energía para todo, excepto para trabajar en la iglesia y cuidar de nuestro hijo. Al pasar el tiempo, recibí una invitación a servir en el comité asesor de un banco local de comida que era el centro de distribución para todos los programas de comida y distribución en la ciudad. Yo aproveché rápidamente esta oportunidad, ya que esta me permitía cumplir mi deseo de estar al servicio de aquellos en necesidad sin hacer un gran compromiso de tiempo.

Es suficiente decir que no mucho tiempo después, yo me sentía fracasada totalmente en este modesto esfuerzo. Logré cumplir con las reuniones mensuales, pero no podía hacer ninguna de las otras cosas que se esperaba de los miembros del comité tales como: recaudar dinero, visitar sitios de comida, hablar con la comunidad mayor en representación de los más pobres. Todo lo que yo hacía era aparecerme en las reuniones y mientras pasaba el mes yo me sentía cada vez más insuficiente. Yo casi esperaba que me pidieran que cediera la posición para que una persona más comprometida tomara mi lugar. Pero eso nunca ocurrió y yo decidí hacer lo mejor posible durante el término de dos años.

Mientras iba en mi carro hacia mi última reunión, preparé un pequeño discurso de disculpas por mi falta de compromiso. Antes de poder abrir mi boca, el presidente del comité dio un discurso dándome las gracias profusamente por mi servicio y enumeró todas las formas en las que yo había hecho contribuciones significativas al ministerio. Ella me puso como un ejemplo del liderazgo en ascenso en la ciudad ¡y toda la junta aplaudió! Yo estaba sorprendida. ¿Cómo era posible que a alguien se le hubiese ocurrido elogiarme? Las palabras de la presidenta del comité no cambiaron mi percepción interna con relación a mi pobre contribución, pero yo tampoco sentí que ella estaba adornando la verdad para hacerme sentir mejor.

A la mañana siguiente, mientras me sentaba en una silla para orar y leía una de las historias del evangelio sobre la vida de Jesús, me encontré con la historia muchas veces llamada el milagro de los panes y los peces. Esta narra cuando Jesús estaba enseñando durante todo un día ante una gran multitud. Cuando el sol se estaba poniendo, los discípulos de Jesús se acercaron a él y le dijeron: "Maestro, ya es muy tarde, y en este lugar no hay nada. Despide a toda esta gente, para que vayan a las aldeas y compren de comer." Y Jesús les dijo: "Denles ustedes de comer." "No puedes estar hablando en serio", prácticamente le replicaron. "No tenemos suficiente comida ni para alimentar a un grupo pequeño." Jesús les preguntó entonces qué tenían. En una versión de esta historia, los discípulos encontraron unos pocos panes y pescados. En otra versión, un muchacho fue y ofreció el pan y los pescados que tenía. Ya fuera de una u otra forma, Jesús tomó los panes y los peces, los ofreció a Dios en acción de gracias y los bendijo. Luego instruyó a los discípulos para que distribuyeran la comida entre la gente. Había más que suficiente para alimentar a la multitud, al punto de quedar cestas con sobras (Mt 14:13–21; Jn 6:1–13).

Mientras leía, las lágrimas corrían de mis ojos. Me estaba dando cuenta que yo misma había experimentado el milagro de los panes y los peces. Claramente mi servicio en el comité asesor no había sido suficiente para satisfacer las necesidades que me rodeaban. Sin embargo, por la gracia de Dios, lo que otros experimentaron había sido más grande que mi escasa ofrenda. Yo escuché y entendí entonces, como nunca antes, que lo que Jesús necesitaba de mí era que yo diera mi ofrenda, sin importar cuán insuficiente me pareciera. Entonces quedaba en sus manos hacer solo lo que él puede hacer.

El milagro de los panes y los peces sigue siendo la historia más importante en mi biografía espiritual. Casi diariamente veo una necesidad que no puedo satisfacer y tareas que no puedo cumplir. Casi diariamente pienso en los panes y los peces y hago mi ofrenda de todas formas. No puedo entender cómo el milagro de abundancia funciona. Yo solo sé que, en ocasiones, sí funciona.

Sentada en mi silla para orar aquella mañana hace casi treinta años atrás, yo no estaba simplemente leyendo una historia sobre Jesús. De cierta forma, la historia me estaba leyendo a mí. Esta me dio la poderosa metáfora espiritual con la cual interpretar mi vida e interpretar mejor cómo Dios escoge trabajar con nosotros para un propósito que sobrepasa nuestro entendimiento.

Yo he tenido experiencias similares con otras historias y enseñanzas de las escrituras, más de las que puedo contar. Esto no sucede cada vez que me siento y leo, pero sí sucede lo suficientemente frecuente como para anticipar y esperar que Dios hable en mi vida a través de historias y enseñanzas en la vida de Jesús.

Como una persona en el ministerio ordenado, yo he dedicado muchas horas a estudiar la Biblia en profundidad y yo sé del valor espiritual de una fundación fuerte en el conocimiento bíblico. A manera de comparación, yo pienso en el conocimiento que tiene mi esposo sobre las aves. Cuando él ve una, él tiene una base de conocimiento vasto con la cual interpretar el momento. Ver un ave en particular significa mucho más para él que para mí. Yo veo un ave cuyas características yo no recuerdo porque no tengo suficiente conocimiento como para relacionarlas. Así también es con la Biblia. Mientras más conoces sobre los textos específicos y sus contextos, más útil serán y más fácil será analizar el significado espiritual. Existen muchos recursos para aprender en profundidad cuando encuentren el tiempo para esto en sus vidas. Además, es una experiencia maravillosa leer las escrituras en comunidad con otras personas al aprender de sus reflexiones, preguntas y experiencias. Tu práctica diaria de aprendizaje será más rica así.

Sin embargo, hay un gran valor, no importa el nivel de tu conocimiento bíblico, en simplemente leer pequeñas porciones de los evangelios cada día. Escucha a Jesús hablar. Observa cómo él interactúa con la gente. Mira cómo las personas responden a su mensaje, a su camino del amor. Toma nota de las preguntas que él hace: "¿Qué quieres que haga por ti? "¿Cuál de estos es el prójimo de la persona en necesidad?" "¿Quién dicen ustedes que soy yo?" Siente el poder de su conexión personal con Dios, a quien él llama Padre en los términos más familiares, mientras nos anima a hacer lo mismo. Lee un texto cualquiera y luego deja que el texto te lea a ti. Deja que el mismo ilumine y dé guía y fortaleza a tu vida para que puedas vivir cada día dando gracias a Dios por toda tu vida, a través de la cual Dios también habla. Hay mucho de lo que podemos aprender:

Acepta, oh Señor, nuestra gratitud y alabanza por todo lo que has hecho por nosotros. Te damos gracias por el esplendor de la creación entera, por la belleza de este mundo, por el milagro de la vida y por el misterio del amor.

Te damos gracias por la bendición de familiares y amigos, y por el tierno cuidado que en todo momento nos rodea.

Te damos gracias porque nos das tareas que requieren nuestros mejores esfuerzos, y porque nos guías hacia logros que nos satisfacen y deleitan.

Te damos gracias también por las desilusiones y fracasos que nos enseñan a reconocer que dependemos solo de ti.

Sobre todo, te damos gracias por tu Hijo Jesucristo; por la verdad de su Palabra y el ejemplo de su vida; por su fiel obediencia, con la cual venció la tentación; por su muerte, con la que venció a la muerte; y por su resurrección, en la que somos resucitados a la vida de tu reino.

Danos el don de tu Espíritu, para que conozcamos a tu Cristo y le manifestemos; y que, por medio de él, te demos gracias en todo tiempo, en todo lugar y en todas las cosas. Amén.

3

Orar

MORA CON DIOS
INTENCIONALMENTE CADA DÍA

En cierta ocasión, Jesús estaba orando en un lugar y, cuando terminó, uno de sus discípulos le dijo: "Señor, enséñanos a orar, así como Juan enseñó a sus discípulos." —Lucas 11:1

ME PREGUNTO CÓMO EVALUARÍAS LA CALIDAD de tu vida de oración personal en una escala del uno al diez. Para muchos, y muchas veces yo me encuentro entre ellos, la idea de la oración evoca sentimientos de insuficiencia, duda e incluso escepticismo. ¿Qué estamos haciendo cuando oramos? ¿Le estamos pidiendo a Dios que actúe por nosotros en formas en que Dios no lo haría si no se lo pidiéramos? ¿Por qué Dios responde las oraciones de algunos, pero no de todos? ¿Existe una correcta, y en contraposición, una incorrecta manera de orar?

Para algunos, la práctica de la oración viene fácilmente o es una práctica espiritual bien establecida. Sin embargo, la mayoría de las personas con las que hablo, incluyendo el clero, piensa que la oración es una fuente de ansiedad. Si asistes a la iglesia regularmente puede ser difícil reconocer cuán anémicas pueden llegar a ser tus oraciones personales. Si has entrado a una iglesia por primera vez y has escuchado a otros recitando palabras extrañas y hermosas, puede sentirse como si tú fueras el único que se pregunta qué significan las palabras y qué diferencia hace decirlas. Ten por seguro que tú no eres el único. Si me pidieras que evaluara mi vida de oración, yo diría que depende del día. Hay algunos días cuando me siento cerca de Dios en oración y hay otros días en que no. Yo valoro profundamente la práctica privada de oración, aunque no siempre hago tiempo para orar. He sido una líder cristiana por más de la mitad de mi vida y todavía existen momentos en los que siento que es como si comenzara a orar una y otra vez. Pero quizás "la mente de un principiante" como dice el refrán budista, y la postura de humildad, es un buen lugar para comenzar—o para recomenzar—en la oración.

Aquellos que han dedicado sus vidas a ayudar a otros a orar llegan a asegurarnos que la oración es tan natural para los seres humanos como respirar. A manera de ejemplo, el monje y autor Martin Laird escribió:

La comunión con Dios en el silencio del corazón es una capacidad dada por Dios, como la capacidad del árbol del rododendro de florecer, la del pichón de volar, la del niño de perderse y alegrarse sin recordar uno o lo otro. Si la gracia de Dios que sufre y simplifica la generosidad vital de nuestras vidas no consume esta capacidad mientras vivimos, los mismos brazos de Dios que nos acogen al entrar en el misterio transformador de la muerte lo harán con seguridad.[1]

Las palabras de Laird me parecieron especialmente consoladoras cuando me senté junto a mi padre en sus últimas horas de su vida. Aunque no fue un hombre de oración o de fe, cerca del final él tuvo lo que me pareció a mí un encuentro místico. Desde su cama en el hospital, él miraba hacia arriba como si estuviera viendo algo

1. Martin Laird, *Into the Silent Land: A Guide to the Christian Practice of Contemplation* (New York: Oxford University Press, 2006), 1.

maravillosamente hermoso que venía hacia él, todo su cuerpo se estiraba al alzarse para encontrar lo que solo él veía. Después, descansó gentilmente, su cabeza en la almohada. Unas horas después se había ido. Yo espero tener una experiencia similar cuando llegue mi momento.

Para mí, la oración comienza con la petición: por favor, ayuda. La buena noticia es que tenemos ayuda y ánimo cuando oramos. "Hay algo que decir para mantener la oración sencilla", escribió Anne Lamott en su libro sobre la oración *Help, Thanks, Wow*.[2]

A pesar de las dificultades en la oración, he aprendido que es posible crecer en confianza en nuestra relación con Dios. A través de la práctica de la oración podemos aprender a aprovechar la fuente divina de fortaleza que es la presencia de Dios en nuestras vidas. A través de la oración podemos conocer que somos amados incondicionalmente y así encontrar una guía mientras nos esforzamos en vivir vidas significativas. Es útil recordar que Dios quiere que experimentemos la oración no como una carga pesada, sino como una fuente fresca y clara en la que aprendemos a ser perdonados y amados. Es también donde podemos entregar las riendas de nuestras vidas a Dios, orando como Jesús en el Monte de los Olivos: "que no se haga mi voluntad, sino la tuya" (Lucas 22:42).

¿Pero qué es la oración exactamente? La definición del diccionario dice "una petición solemne de ayuda o una expresión de gracias dirigida a Dios o a otro objeto de adoración." El Libro de Oración Común define la oración como "la respuesta a Dios por pensamiento y obra, con o sin palabras", un amoroso recuerdo de que Dios comienza y nosotros respondemos.[3] Una santa amada en la Iglesia Católico Romana, Thérèse of Lisieux, escribió esto:

---

2. Anne Lamott, *Help, Thanks, Wow: The Three Essential Prayer* (New York: Riverhead Books, 2012), 1.

3. Libro de Oración Común, 748.

"Para mí, la oración es una aspiración del corazón, una mirada simple dirigida al cielo. Es un grito de gratitud y amor tanto en medio de las pruebas como del gozo." A mí me atrae la definición directa de oración como una simple conversación con Dios. Algunas veces somos conscientes de la conversación y algunas veces no, pero oramos más naturalmente cuando no estamos conscientes de lo que estamos haciendo—cuando cerramos nuestros ojos, miramos hacia la distancia o nos perdemos en nuestros pensamientos. Oramos en ese espacio luminoso al final del día, cuando nos despertamos en la mañana y cuando nos quedamos dormidos en la noche. Oramos cuando nos sentimos más vulnerables. Pablo escribe acerca de la vulnerabilidad: "De igual manera, el Espíritu nos ayuda en nuestra debilidad, pues no sabemos qué nos conviene pedir, pero el Espíritu mismo intercede por nosotros con gemidos indecibles. Pero el que examina los corazones sabe cuál es la intención del Espíritu, porque intercede por los santos conforme a la voluntad de Dios" (Ro 8:26–27). Es reconfortante darse cuenta de que el Espíritu de Dios en nosotros ayuda a nuestro espíritu a orar. Y es un acto de humildad también que Dios busca y conoce nuestros corazones, como nos recuerda el inicio de una de nuestras oraciones dominicales matutinas: "Oh Dios, para quien todos los corazones son manifiestos, todos los deseos conocidos y ningún secreto encubierto."[4]

También oramos cuando nos reunimos en la iglesia y decimos bellas palabras que otros escribieron. Esta puede ser una experiencia poderosa, evocadora de emociones profundas y de un sentido de conexión con algo más allá de nosotros mismos. Podemos confiar en la fe común cuando la nuestra parece distante. Pero recitar oraciones también puede sentirse rutinario y sin significado, y la belleza de las palabras poéticas pueden hacernos sentir inapropiados sobre nuestras menos elegantes palabras.

---

4. Libro de Oración Común, 245.

Con o sin Palabras

Se dice que si quieres lograr que un episcopal se ponga ansioso, pídele que ore sin un libro. Hace años, miembros de la congregación donde yo servía compraron una nueva casa y me pidieron que bendijera el lugar. Existen bellas oraciones de bendición de hogares en uno de los muchos libros de oración de la Iglesia Episcopal, y yo estaba feliz de ir a su casa y compartir esas oraciones. Cuando llegué al lugar, me di cuenta de que había olvidado el libro. Entré en pánico y regresé a la iglesia en busca del libro olvidado. Mientras manejaba, me dije a mí misma: "Bueno, esto es embarazoso. ¿No puedes crear tú misma una bendición para un hogar?" Después de esto, decidí practicar y sentirme más cómoda orando en voz alta sin un texto.

Por supuesto, nosotros oramos con más que nuestras palabras. Oramos a través de expresiones artísticas, como la música. Como dijo y es recordado Agustín: "Quienes cantan oran dos veces." También oramos con nuestras acciones. El rabino del siglo XX Abraham Joshua Heschel fue una de las muchas personas de fe que respondieron al llamado del Dr. Martin Luther King Jr. a unirse a la marcha por los derechos civiles desde Selma hasta Montgomery, Alabama, en 1965. Él dijo lo siguiente con relación a esta experiencia: "Yo sentí como si estuviera orando con mis pies." Yo también siento como si estuviera orando cuando me entrego a una tarea que demanda creatividad y amor sacrificial.

Existen incontables formas en las que estamos en conversación con Dios, incluso sin necesidad de recurrir al lenguaje verbal directo. Pero enfoquémonos ahora en la forma de oración que es precisamente una conversación con Dios, ya que es en ella, creo yo, en la que nuestra intención y práctica diarias importan más.

Como en cualquier relación, la nuestra con Cristo se mueve hacia grandes profundidades de intimidad y confianza cuando cuidamos esa relación. El autor cuáquero Richard Foster describe acertadamente esta práctica diaria de conversación con Dios como "oración simple",[5] ya que sus requisitos no son muy difíciles. Se necesita un poco más que nuestra voluntad de estar presente. Con práctica, es más fácil confiar que Jesús está presente también. Según Anne Lamott: "La oración significa que, de una manera única, creemos que somos invitados a formar parte de una relación con alguien que nos escucha cuando hablamos en silencio."[6]

Oración diaria

Si ya tienes una práctica establecida de oración diaria, lo que viene a continuación sirve como afirmación y ánimo para tu práctica. Si no tienes tal práctica, te recomiendo intentarlo. Si eres como yo y periódicamente te das cuenta que han pasado semanas sin tomar tiempo para sentarte y orar, no tengas miedo de comenzar otra vez.

Vale la pena el esfuerzo de hacer tiempo para la oración diaria ya que tiene el poder de cambiar el curso de tu vida para mejor. La oración diaria puede guiarte a través de los momentos más complicados, puede sostenerte con fuerza cuando más lo necesitas, puede validar tus dones y darte ánimo para tomarlos en serio, puede darte seguridad de que no estás solo en este mundo y retarte a ser todo lo que Dios quiere que tú seas.

La oración personal no requiere que dejes a un lado tu vida. Si te olvidas o detienes la oración por cualquier razón, simplemente puedes comenzar nuevamente, sin vergüenza o preocupación de que eres una mala persona, porque no lo eres. No tienes que ser un experto en oración diaria. Según todos sus beneficios, lo suficientemente increíble es que la oración diaria no toma mucho tiempo. De hecho, es bueno comenzar de a poco. Los frutos en la oración vienen no con la duración de nuestras oraciones, sino con la fidelidad con que lo hagamos.

---

5. Richard J. Foster, *Prayer: Finding the Heart's True Home* (New York: Harper Collins, 1992), 7.

6. Lamott, 4.

Aquí presento una forma en la que puedes comenzar o recomenzar: encuentra un tiempo breve cada día para sentarte o caminar, montar tu bicicleta o manejar en tu carro en silencio. No utilices audífonos, ni radio, ni TV, ni video juegos. No envíes textos en las redes sociales. Comienza con diez minutos si puedes. Después de un tiempo, querrás más de diez minutos, pero diez es una buena cantidad para empezar.

Haz dos cosas en esos diez minutos. Primero, vacía tu mente diciendo en voz alta todas las cosas en las que estás pensando, o quizás por las que estás preocupada y todo lo que quieres que hubiera sucedido, lo que quieres que suceda o por lo que estás agradecido. Pide específicamente por lo que quieres o necesitas. Pide ayuda. Pide guía. A Jesús le gustó contar historias para darnos ánimo en la oración. Por ejemplo, la historia de la mujer que persiguió a un juez, o el hombre que tocó la puerta de su amigo tarde en la noche. Sé persistente, dice Jesús. ". . . Pidan, y se les dará. Busquen, y encontrarán. Llamen, y se les abrirá" (Lucas 11:5–10).

Este es el primer paso en una relación honesta y abierta con Dios. Es importante decir la verdad completamente. No hay ningún valor en intentar ser más religioso de lo que eres. No hay nada de lo que digas o hagas que sea escandaloso para Dios. No hay un tema inapropiado en la oración. No tienes que mejorar tu lenguaje o pretender ser alguien que no eres. En los evangelios, Jesús es presentado como alguien a quien le gustó hablar con cualquier tipo de persona, especialmente con aquellos considerados como pecadores. No importa si no estás seguro un día de que alguien está escuchándote mientras hablas. No necesitas preocuparte de las dudas que parecen ser fuertes cuando te sientas a orar. Todos tenemos dudas a veces. Y tampoco es inusual si no sabes cómo imaginar a Dios—o incluso si te preguntas si Dios existe—mientras oras.

No es una sorpresa que Jesús tiene un consejo útil sobre cómo debemos imaginarnos a Dios cuando oramos. La imagen que él utilizó más frecuentemente cuando oraba fue la del padre o la madre amorosos. Él se dirigió a Dios usando la palabra *Abba*, la cual es una palabra íntima, afectuosa para el término *padre* en su idioma. Jesús quiere que pensemos en Dios como un padre celestial que siempre nos ama, sin importar qué. Entre sus más conocidas parábolas está la del hijo rebelde quien es recibido incondicionalmente en el hogar por su padre amoroso y perdonador—el claro mensaje es que somos amados incondicionalmente (Lucas 15:11–32). Yo no creo que esto significa que Dios es un hombre, como tu padre biológico es un hombre. Así que si *padre* es una metáfora problemática para ti, puedes imaginarte a Dios como una madre bondadosa, generosa e incondicionalmente amorosa. Jesús usó algunas veces imágenes femeninas de Dios. Hombre o mujer, la imagen es simplemente la de alguien que realmente te ama, y como el padre en la historia de Jesús, siempre está dispuesto a caminar mucho más allá que la mitad del camino.

La segunda imagen que Jesús nos ofrece mientras oramos es la de él mismo como el que da su vida por nosotros. Él habló de sí mismo como el buen pastor que nos llama por nuestro nombre. Él nos asegura que es nuestro camino, nuestra verdad, nuestra luz. Mientras compartía su última comida con sus discípulos y los preparaba para su muerte, les dijo: "Ustedes son mis amigos." Piensen en mí, nos dice él, como si yo fuera un buen amigo, alguien que siempre cuida sus espaldas y sus intereses seriamente. Después de la Resurrección, él le dijo a sus discípulos: "Yo estoy con ustedes siempre, hasta el final de los tiempos." Él está con nosotros ahora.

Regresemos a nuestro tiempo de oración. Primero, pon en palabras lo que está en tu corazón y en tu mente. Si te estás sintiendo muy bien debido a algo, hazle saber a Dios y dale gracias. Si tienes que tomar una decisión importante y necesitas guía, pide ayuda. Si te estás sintiendo desconcertada, avergonzado, tonto o preocupada por otra persona, o triste por lo que está sucediendo en el mundo, lleva esas preocupaciones a Dios.

Cuando hablamos con Dios de esta forma, no estamos diciéndole a Dios nada que él ya no sepa. Lo que es importante en la oración es que hablemos nuestra verdad y que invitemos a Dios a nuestras vidas. Sabemos que la oración no es magia. Más frecuentemente de lo que pensamos, la respuesta a nuestra oración no es darnos lo que pedimos, sino darnos la gracia de aceptar lo que no podemos cambiar. Pablo describió una experiencia de oración cuando oró a Dios para que quitara lo que él llamo el aguijón en su costado. "Tres veces le he rogado al Señor que me lo quite, pero él me ha dicho: "Con mi gracia tienes más que suficiente, porque mi poder se perfecciona en la debilidad." (2 Cor 12:7–9). Es quizás la respuesta más dura y afirmativa que Dios puede dar al decirnos que nuestra tarea es aceptar lo que queremos que nos sea quitado, y que recibiremos la suficiente fortaleza para lograrlo.

Cuando oro en los momentos de más necesidad y vulnerabilidad sobre situaciones que no puedo cambiar y que tengo problemas en aceptar, en lo que pienso es en la gracia de la compasión de Dios. En la oración, no tengo que pretender que todo en lo que estoy en contra es fácil y ya no tengo que sentirme avergonzada por mi problema. En oración, yo recibo un poco de fortaleza para persistir, y algunas veces el regalo de una nueva percepción. De forma invariable, cuando intento tomar las cosas en mis propias manos e intentar arreglar lo que está fuera de mi control, siento que la gracia de Dios está esperando que yo me recupere de otro esfuerzo fallido.

Escucha paciente

Después de dar voz a todo lo que hay en mi corazón, yo encuentro útil cambiar intencionalmente la conversación diciendo en voz alta una versión de lo que un anciano y sabio sacerdote llamado Elías le dijo a un joven, Samuel, quien escuchaba frecuentemente una voz que lo llamaba en la noche: "Habla, Señor, que tu siervo escucha." Si no la has escuchado antes, la historia de Samuel se encuentra en el libro bíblico que tiene su mismo nombre. Él fue un niño milagroso, nacido de una mujer que había sido infértil, Ana. En acción de gracias por el regalo de su hijo, ella le confió su hijo a Elías, un sacerdote del templo del Señor. Una noche, Samuel escuchó su nombre y salió corriendo hacia donde estaba Elías, pensando que el sacerdote lo había llamado. Pero Elías le pidió que regresara a su cama, asegurándole que él no lo había llamado. Esto sucedió dos veces más: el muchacho escuchó una voz y él corrió hacia Elías diciendo: "Aquí estoy. ¿Para qué me llamaste?" Entonces Elías se dio cuenta que el Señor era quien estaba llamando al muchacho. Entonces le dijo a Samuel: "Ve y acuéstate. Y si vuelves a escuchar que te llaman, dirás: "Habla, Señor, que tu siervo escucha" (1 Sam 3:1–9).

Como sea que invitemos al Señor a hablarnos, lo que nos queda en la oración es esperar. Si tu experiencia no se parece a la mía, esperar en silencio requiere paciencia. Puede que no escuches nada en absoluto. Casi nunca recibirás una respuesta inmediata, aunque puede suceder. Casi nunca sucede en mi oración, pero puedo recordar vívidamente unas pocas ocasiones en que escuché la respuesta de Dios rápidamente. Las veces en que estaba atravesando por dificultades por mantener mi cabeza encima del agua en todas las áreas de mi vida, grité en oración: "¿Será siempre así de difícil?" Para mi sorpresa, la respuesta fue inmediata: "Sí". Y yo salí corriendo mientras me reía. Después escuché: "Pero te voy a ayudar."

Aquellas palabras de Dios en la oración fueron suficientes para sostenerme durante una de las temporadas más desafiantes de mi vida. Cuando los tiempos duros retornan, intento recordar ese momento en que Dios me dijo que esperara dificultades, pero que Dios me prometía también estar conmigo. Cuando me siento particularmente débil, intento recordar lo que Pablo escribió sobre el poder de Dios revelado totalmente en la debilidad humana (2 Cor 12:9).

Frecuentemente lo que yo escucho de Dios viene lentamente, a través del tiempo. *Escuchar* puede que no sea la palabra correcta para describir esta experiencia. Es como una sensación o sentimiento, a veces incluso una fuente de tensión. Yo he aprendido que lo que sea que perciba o sienta, es importante prestarle atención y actuar con relación a lo que he recibido. Aunque nunca sé si lo que estoy percibiendo es verdaderamente de Dios, he aprendido que tengo menos remordimiento cuando actúo con relación a lo que viene a mí a través de la oración, que si no actúo.

La parte de la conversación con Dios "Habla, Señor, que tu siervo escucha", puede ser desafiante por otra razón. Cuando me permito estar en calma, otras voces en mi cabeza pueden ser muy estridentes. Martin Laird compara nuestro caos interior a "una fiesta en la que somos el huésped desconcertado". Las voces interiores pueden ser triviales, pero frecuentemente son ásperas y críticas. Algunas están auto-justificadas, la mayoría son fruto de la ansiedad. No puedo determinar siempre por mí misma, cuál, si alguna, es la voz de Dios. He aprendido que es bueno hablar con alguien con sabiduría y experiencia en esos asuntos—un mentor espiritual de confianza o un buen amigo—para ayudarnos con el trabajo de discernimiento.

Intento entonces recordar las palabras del Obispo Presidente Curry: "Si la voz que escucho o la sensación que siento no es de amor, entonces no es de Dios." Esto no sugiere que Dios es una persona fácil de convencer o de engañar por mi auto-engaño, sino que la voz de Dios a través de la presencia de Jesús siempre será de amor. Así se llamará a lo mejor que hay en nosotros y nos corregirá gentilmente siempre que nos conformemos con la peor versión de nosotros mismos.

Yo escuché la voz castigadora de Dios no hace mucho tiempo. Cuando estaba en conversación con una amiga, yo dije algo poco gentil sobre otra persona. Al pasar el tiempo, yo me di cuenta que había dicho eso solo para impresionar a mi amiga y parecer

inteligente a costa de otra persona. Cuando pensé en esa conversación durante mi tiempo de oración, el sentimiento que llegó a
mí fue de tristeza. Una pregunta emergió en mi mente: "¿Cómo
te sentirías si alguien habla de esa forma sobre ti?" Entonces me
levanté de ese momento de oración convencida de que debía ser
más cuidadosa con mis palabras.

Algo más puede suceder en tu tiempo de calma en oración:
puedes escuchar o sentir un reclamo en tu vida, lo que en lenguaje
religioso es conocido como un llamado. Se siente un poco como
una orden. Es extraordinariamente claro cuando viene un llamado,
y frecuentemente tiene que ver con algo que necesita ser hecho.
Puede ser cualquier cosa, pequeña o grande: llamar a tu madre o hermana, o al vecino, ahora. Puede ser un estímulo a tomar el siguiente paso hacia un sueño inexplicable o una emergencia potencial,
como aplicar a un nuevo trabajo, completar la aplicación para la
universidad, la cual has dejado en el olvido, o invitar a una persona
que admiras a un café. Aunque es fácil censurarse uno mismo a
la hora de responder a lo que uno escuchó, en mi experiencia no
hay nada de abstracto o ambiguo en esos momentos de claridad
que aparecen en la oración. Mientras creces acostumbrándote a
esa experiencia, también creces en confianza de seguir adonde te
llevan esas órdenes. De esa forma permites que lo que recibes en
oración sea una luz de guía en tu vida.

La práctica de la oración

Nuevamente, lo que yo he aprendido y lo que continúo aprendiendo, es que la práctica de sentarse simplemente en clama
para hablar y escuchar a Dios con tu corazón, no requiere mucho
tiempo. Como con casi todas las cosas de importancia, lo que
importa es la consistencia. De esta forma, la práctica de la oración
es como otra práctica diaria necesaria para mantener la salud en mi
vida. Puedo saltarme esas prácticas, un día o dos, incluso durante

una semana o un mes. Si no las practico en un año, pongo mi salud en riesgo. Lo que arriesgo en perder sin la práctica regular de la oración, es la gentil conciencia de la presencia diaria de Dios y de los dones como la calma, la claridad y la dirección que la práctica diaria provee. "La única forma en que podemos hacer tiempo para orar", nos recordaba el anterior arzobispo de Canterbury, "es hacer tiempo para orar."[7]

También sé que puede haber largos períodos de tiempo en los que parece imposible encontrar siquiera diez minutos al día para una oración intencional. O quizás sucede que tienes el tiempo pero que no puedes lograr sentarte tranquilo. Esto es lo que yo sé: Dios comprende. Dios no juzga, por el contrario, te encontrará felizmente en el camino. Algunas de mis más poderosas experiencias en la oración han sido en esos momentos en los que simplemente no podía hacer mi parte y Jesús se apareció ante mí, dondequiera que yo estaba. Esto fue especialmente así durante los años en los que cuidaba a mis hijos pequeños y trabajaba a tiempo completo. Simplemente no había tiempo, sin embargo, frecuentemente me sentía sostenida por su gracia. De forma similar, durante los meses posteriores a la muerte de mi padre, yo no podía sentarme y orar y ni siquiera en ese momento me sentí alejada de Dios.

Lo que aprendí a hacer en esos momentos fue a orar intencionalmente mientras hacía otra cosa. Yo oraba mientras preparaba la comida para mi familia, manejando el carro o trabajando en un proyecto. Actualmente, en temporadas de mucho trabajo, pido la ayuda y la guía de Dios cuando siento que no hay otra solución que pasar de una cosa a la otra. Pero cuando la vida se calma un poco, encuentro una silla, me siento y comienzo nuevamente.

La oración no es la única práctica que forma la vida con Dios, pero es fundacional. Es además una práctica, como la otras del

---

7. Rowan Williams, presentación privada a la Diócesis Episcopal de Washington, St. Alban´s Episcopal Church, 8 de noviembre, 2018.

Camino del Amor, lo que significa que siempre hay espacio para crecer en la oración. Nunca es demasiado tarde para comenzar o recomenzar. Una sencilla oración te ayudará diariamente a experimentar los frutos de la fe, mientras profundizas tu relación con Dios a través de Jesús. En la oración diaria, aprendes a reconocer la voz de Jesús.

En el Camino del Amor, la práctica de la oración se encuentra junto a las dos primeras prácticas: cambiar y aprender. Las tres son practicadas fácilmente juntas. Yo intento comenzar cada día cambiando mi atención hacia Jesús antes de hacer otra cosa. Yo me esfuerzo en hacer tiempo antes de irme de la casa o atender cualquier otra tarea del día, sentarme en una silla que he designado como mi silla de oración. Coloco una alarma para los veinte minutos y me dedico a un tiempo de aprendizaje y oración. Primero, generalmente leo la Biblia. Después digo, o escribo todo lo que está en mi corazón y escucho, tanto como pueda.

Este es el ritmo de la práctica que se ajusta a mi vida ahora. Este no era el ritmo que yo podía mantener cuando estaba criando a mis hijos y trabajando a tiempo completo. En aquellos años, decía la mayoría de mis oraciones a la carrera, mientras cambiaba de una responsabilidad a la siguiente. Tu ritmo de oración será con seguridad diferente al mío, y también cambiará con los cambios en el ritmo de tu vida. Lo que es importante es que cada uno descubra el ritmo o el patrón que funciona para nosotros en nuestras vidas ahora. No hay una fórmula que funcione para todas las personas. Por otra parte, no necesitamos comenzar completamente desde cero. Algunas prácticas espirituales están probadas y son verdaderas.

Uno de los mejores regalos en una vida de oración es la seguridad de que Dios nos ve tal como somos y responde con amor. Podemos ser completamente tal como somos ante Dios, no como queremos ser vistos por los otros, sino solo como Dios nos conoce. Como escribe Richard Foster:

La verdad es que todos nosotros vamos a la oración con un nudo complicado de motivos—altruistas y egoístas, misericordiosos y aborrecibles, amorosos y amargos. Francamente, en este lado de la eternidad nunca separaremos el bien del mal, lo puro de lo impuro. Lo que he llegado a ver es que Dios es lo suficientemente grande como para recibirnos con toda nuestra mezcla. No tenemos que ser inteligentes, puros o llenos de fe, o nada en absoluto.[8]

Tal aceptación de parte de Dios, especialmente en momentos cuando sé que estoy en necesidad de gracia, me permite, aunque imperfectamente, ofrecer un poco de gracia a otros. Esta aceptación está entre los grandes dones de todos: los frutos de una vida transformada por el amor de Dios.

---

8. Foster, 8.

Adorar

REÚNETE EN COMUNIDAD SEMANALMENTE PARA AGRADECER, ALABAR Y MORAR CON DIOS

Yo recibí del Señor lo mismo que les he enseñado a ustedes: Que la noche que fue entregado, el Señor Jesús tomó pan, y que luego de dar gracias, lo partió y dijo: "Tomen y coman. Esto es mi cuerpo, que por ustedes es partido; hagan esto en mi memoria." Asimismo, después de cenar tomó la copa y dijo: "Esta copa es el nuevo pacto en mi sangre; hagan esto, cada vez que la beban, en mi memoria." Por lo tanto, siempre que coman este pan, y beban esta copa, proclaman la muerte del Señor, hasta que él venga. —1 Corintios 11:23–26

LAS SIETE PRÁCTICAS del Camino del Amor encuentran su origen en disciplinas antiguas que los primeros seguidores de Jesús adoptaron y pasaron a las futuras generaciones. Por tanto, el Camino del Amor nos invita a experimentar en nuevas formas las prácticas que han sostenido a los cristianos por siglos. Esto es especialmente cierto cuando nos movemos a la cuarta práctica: *adorar*. El impulso para adorar es intrínseco a nuestra naturaleza humana y ha sido así desde los orígenes de nuestra especie.

La estudiosa de la religión mundial Karen Armstrong escribió en su exhaustiva historia de la religión: *A History of God* (*Una Historia de Dios*):

> Hombres y mujeres comenzaron a adorar a los dioses tan pronto los primeros se hicieron reconociblemente humanos: crearon religiones al mismo tiempo que creaban piezas de arte. Esto no fue así simplemente porque ellos querían aplacar fuerzas poderosas: estas creencias tempranas expresaron el asombro y el misterio que parece haber sido siempre un componente esencial de la experiencia humana de este mundo hermoso y a la vez atemorizante.[1]

La forma y estructura de la adoración cristiana encuentra sus raíces en la sinagoga judía, en los rituales del templo y en la hermandad alrededor de la mesa de los primeros seguidores de Jesús. La última comida de Pascua de Jesús con sus discípulos es la piedra central para los cristianos, un ritual en el que no solo recordamos, sino que recreamos simbólicamente esa comida. Haciendo esto nos colocamos nosotros mismos alrededor de la mesa que Jesús preparó para nosotros y compartimos en el misterio de su presencia cuando nos reunimos.

El Camino del Amor afirma, sin excusas, la importancia espiritual de reunirnos semanalmente con otros cristianos alrededor de la mesa de Jesús. La práctica espiritual de la adoración es, por definición, comunitaria. Aunque la adoración a través de la tecnología se ha convertido en una experiencia expandida y espiritualmente significativa para muchos, el Camino del Amor nos anima a aparecernos físicamente para adorar semanalmente con otras personas en la casa de oración. Por supuesto, hay momentos en la vida en que asistir a la adoración comunitaria es imposible, y la adoración

---

1. Karen Armstrong, *A History of God: The 4,000-Year Quest of Judaism, Christianity, and Islam* (New York: Random House, 1993), xix.

a través de la tecnología nos permite estar conectados con otros cristianos durante ese tiempo. Sin embargo, el regalo de adorar con otros en carne propia y las oportunidades de crecer espiritualmente, son perlas de gran valor, y vale la pena el esfuerzo y el sacrificio que requiere su total experiencia. Mi énfasis aquí es dónde está el centro de un tipo particular de adoración cristiana que encontramos en tradiciones de fe sacramentales, incluyendo la Iglesia Episcopal.

La palabra *sacramento* se refiere a rituales que son tanto simbólicos como portales de experiencia de una gracia particular que solo Dios puede dar. El sacramento cristiano en el corazón de la adoración es conocido en la mayoría de las iglesias episcopales como *Eucaristía*, una palabra griega que significa acción de gracias, la cual se refiere a nuestra re-creación de la última comida de Jesús con sus discípulos. En otras iglesias sacramentales, esta comida sagrada es llamada Santa Comunión, la Cena del Señor o Misa. La Eucaristía simboliza y nos invita a participar del amor sacrificial de Jesús por toda la humanidad. Incluso más, en el corazón de la Eucaristía existe la convicción de que Jesús está presente con nosotros como él lo prometió: ". . . yo estaré con ustedes, todos los días, hasta el fin del mundo" (Mt 28:20).

En la Eucaristía recitamos la antigua historia de la fatídica noche antes de su muerte. Escuchamos las palabras que Jesús dijo: "Esto es mi cuerpo, que por ustedes es entregado; hagan esto en memoria de mí." "Esta copa es el nuevo pacto en mi sangre, que por ustedes va a ser derramada." (Lc 22:19.20).

El poder místico de la Eucaristía explica por qué se convierte en el foco central de la adoración dondequiera que se reúnan seguidores de Jesús. Las noticias más antiguas de prácticas cristianas incluyen esta re-creación de la comida porque en ella nuestros antepasados espirituales sintieron la presencia de Jesús con ellos. Después de más de dos mil años, nosotros sentimos lo mismo.

En el camino a Emaús

La historia más conmovedora de la experiencia de los primeros discípulos sobre su presencia mientras compartía el pan y el vino no es la de la última cena, sino la historia de lo que le sucedió a dos de sus discípulos poco tiempo después de la crucifixión de Jesús. Podemos encontrar esa historia en el evangelio de Lucas. Esta nos habla de lo que sucedió un día después de la resurrección de Jesús, cuando dos personas no podían soportar el duelo después de la crucifixión.

Al inicio de la historia, dos de los doce se habían ido de Jerusalén y habían tomado el camino hacia un pueblo llamado Emaús. Ese día temprano en la mañana, las mujeres discípulas de Jesús habían ido a la tumba y regresaron sin aliento contando historias de ángeles, que la tumba estaba vacía y lo más maravilloso, que Jesús estaba vivo. Dos de los hombres—no se nos dice quiénes—no encontraron ningún sentido en lo que las mujeres les habían contado. Entonces ellos hicieron lo que muchos de nosotros hacemos, parafraseando a Yeats, "cuando hay un fuego en nuestras cabezas."[2] Ellos fueron a caminar. El destino no era importante. Ellos simplemente necesitaban salir del pueblo.

Mientras estaban en el camino, Jesús se les apareció, pero ellos no lo reconocieron. Él caminó a su lado, escuchando su pena y lentamente comenzó a revelarse a ellos, así como él hace frecuentemente con nosotros, a través de las historias en las escrituras. Ellos aún no sabían quién era él, pero después ellos se dieron cuenta que mientras él hablaba, sus corazones "ardían". Cuando llegó la noche, ellos le pidieron que se quedara en un hostal en el camino. Mientras estaban sentados a la mesa con él, él tomó el pan y lo bendijo, como mismo lo había hecho durante la última noche de su vida.

---

2. William Butler Yeats, "The Song of Wandering Aengus" in *The Wind Among the Reeds* (1899), *https://www.poetryfoundation.org/poems/55687/the-song-of-wandering-aengus* (acceso el 19 de febrero del 2019).

Entonces los discípulos lo reconocieron y él desapareció de su vista (Lucas 24:13–35).

Se dice que para los que siguieron a Jesús, cada camino es el camino a Emaús. Como todos estamos en el camino hacia algún lugar, él está con nosotros, aunque la mayor parte del tiempo no lo reconocemos. Él está escondido en las personas que encontramos, en los eventos de nuestras vidas y del mundo e incluso, en nosotros mismos en forma que no siempre sentimos. Pero una vez a la semana, los cristianos hacemos el esfuerzo de asistir a la iglesia. En comunidad con otros, enfocamos nuestra atención en Jesús. Escuchamos historias acerca de su vida y enseñanzas, leídas en voz alta. Alguien se toma el tiempo, como Jesús hizo con sus discípulos en el camino, de interpretar los textos para nosotros, haciéndolos dialogar con nuestras vidas. Algunas veces, cuando una persona está hablando, escuchamos la voz de Jesús hablando. Sentimos su presencia. ¿Cómo sucede esto? No lo sé. Este es el misterio de la fe.

Mientras la experiencia de la adoración continúa, nos reunimos alrededor de una mesa que simboliza la mesa de la última cena. Re-vivimos la historia de esa trágica comida y tomamos parte en ella, simbólicamente, sacramentalmente. Mientras lo hacemos, sentimos su presencia, no todo el tiempo, no cada domingo, pero lo suficientemente frecuente como para confiar. Para un extraño, la comida no es más que un símbolo sagrado. Pero para el creyente, la verdadera definición de sacramento significa entrar en la vida de Dios, siempre bendiciendo y en acción en nuestro propio tiempo y según nuestros términos.

Se nos dice en el texto que una vez que los discípulos en el camino hacia Emaús reconocieron a Jesús, él desapareció de su vista. Yo lo creo, porque mis propios momentos de conexión y experiencias de su presencia también son fugaces. Yo no puedo evocar o controlar esas experiencias—ninguno de nosotros puede. Pero cuando experimentamos su presencia, cuando Jesús es real para nosotros en las palabras dichas, en las oraciones ofrecidas y en el pan y el vino compartidos entre la comunidad reunida, esto es suficiente para darnos esperanza, coraje y la seguridad de que somos amados.

El regalo de la comunidad cristiana

Jesús quiere que invitemos a otros a la mesa para que ellos también puedan experimentar su presencia y amor. Algunas veces nosotros asumimos de forma errada en la iglesia que lo que tenemos que ofrecer a otros en la adoración es a nosotros mismos. "Somos una gran iglesia", nos decimos a nosotros mismos, y sin lugar a dudas, lo somos. Nuestra presencia es importante, así como lo es también la autenticidad de nuestra bienvenida y la vitalidad de nuestra vida espiritual. Pero lo que hace diferente a una comunidad cristiana de otro grupo es la presencia de Jesús en el corazón de nuestra adoración. Él es, parafraseando un querido himno, "nuestro Camino, nuestra Verdad, nuestra Vida."[3] Y porque compartimos la experiencia de su presencia, sentimos una conexión particular unos con otros. Ese es el regalo de la comunidad cristiana.

En 2004, Marcus Borg publicó un libro titulado The Heart of Christinity: Rediscovering a Life of Faith (El Corazón del Cristianismo: Redescubriendo una Vida de Fe). Yo estaba sirviendo como sacerdote de una iglesia en ese tiempo y su libro me impresionó de tal forma que lo pasé a todos lo que yo conocía que querían saber lo que significaba ser un seguidor de Jesús. Este todavía sigue siendo un libro al que regreso en busca de revelación e inspiración.

En un capítulo sobre la práctica espiritual titulado "The Heart of the Matter" (El Corazón de la Cuestión), Borg escribió algo sobre la adoración comunitaria que nunca he olvidado. A manera

---

3. "Come, My Way, My Truth, My Life", The Hymnal, 1982 (New York: Church Hymnal, 1982), himno 487.

de fondo, para Marcus Borg, el cristianismo es experimentado y comprendido más fructíferamente como una manera de vivir más que como un sistema de creencias. Las creencias son importantes, pero cuando asumimos que el cristianismo tiene que ver primariamente con aceptar un sistema de creencias, nos arriesgamos a colocar demasiado énfasis en lo que creemos o sentimos por encima de cómo vivimos. Es a través de vivir la vida de fe que recibimos ideas y experiencias que echan raíz en nosotros como un núcleo de convicción.

Anne Lamott dice más o menos lo mismo en un ensayo titulado "Why I Make Sam Go to Church" (¿Por qué hago que Sam vaya a la Iglesia?). Su hijo tenía nueve años cuando ella escribió esto, y la razón para hacerlo ir a la iglesia era simplemente esta:

> Yo quiero darle lo que yo encontré en el mundo, es decir, un camino y una pequeña luz para ver más allá. La mayoría de las personas que conozco que tienen lo que yo quiero—es decir, propósito, corazón, equilibrio, gratitud, gozo—son personas con un sentido profundo de la espiritualidad. Son personas en comunidad, que oran o practican su fe. Son budistas, judíos, cristianos—personas en conexión unas con otras, que trabajan en sí mismas y por los derechos humanos. Ellas siguen una luz más brillante que la lucecita tenue de sus propias velas. Ellas son parte de algo hermoso . . . Nuestra pequeña y atemorizada iglesia está llena de personas que trabajan por la paz y la libertad, personas que están allá afuera en las calles, aunque oran dentro de la iglesia. Ellos escriben cartas en la casa, y también están en los refugios con grandes platos de comida.[4]

Para Borg y Lamott, el título más antiguo para los cristianos es certero: somos "personas del camino" (Hechos 9:2). Este Camino,

---

4. Anne Lamott, *Traveling Mercies: Some Thoughts on Faith* (New York: Random House, 2000), 101.

escribe Borg en *The Heart of Christianity*, abarca prácticas que nos ayudan a prestar atención a Dios y a estar abiertos para recibir la presencia de Jesús. Estas prácticas forman nuestra identidad y forman a nuestro carácter. Nos hacen responsables, así como las prácticas en otras áreas de nuestra vida. Y, muy importante, las prácticas nos nutren. Alimentan nuestras almas.

En su capítulo sobre las prácticas espirituales, Borg dice enfáticamente que la práctica espiritual más importante es ser parte de una congregación, la cual, en sus palabras, "te nutre, así como te expande". Él ofrece este pequeño consejo:

Algunos de ustedes forman ya parte de una iglesia. Pero si no es así, o si eres parte de una iglesia que te deja hambriento e insatisfecho, busca una que nutra y profundice tu viaje cristiano. Busca una que alegre tu corazón, para que te despiertes el domingo en la mañana con la anticipación del salmista: "Me alegré cuando me dijeron: Vamos a la casa del Señor." Elegir una iglesia no tiene que ver primariamente con sentirse bien, ya que la iglesia está ahí para nutrirnos, no para hacernos sentir enojados o para dejarnos aburridos. Si tu iglesia te da dolores de cabeza, puede que sea tiempo de cambiar.[5]

Yo leí este pasaje por primera vez cuando era una pastora y sacerdote de una pequeña congregación, con todo el gozo y los problemas de la vida de una iglesia. Mientras lo leía, sentí una luz que se apagaba en mi cabeza. Yo sabía lo que yo quería: más que nada, ayudar a nutrir y apoyar a la iglesia a alegrar los corazones de las personas. Yo quería que las personas en la congregación a la que yo servía despertaran el domingo en la mañana anhelando la iglesia. Yo no quería liderar una iglesia aburrida, ni que Dios lo quisiera, o que diera a la gente dolores de cabeza. Yo quería

---

5. Marcus Borg, *The Heart of Christianity: Rediscovering the Heart of Faith* (New York: HarperOne, 2004), 194.

liderar una iglesia que nutriera a las personas y que profundizaran su viaje cristiano. Y todavía eso es lo que quiero, y creo que cuando los líderes de la iglesia mantienen ese propósito, la comunidad cristiana florece. Yo no estoy sugiriendo que tenemos que estar siempre alegres, o que la iglesia no tiene desafíos. Las iglesias están llenas de seres humanos y todos nosotros estamos rotos de alguna forma, todos enfrentamos desafíos reales en nuestras vidas y en el mundo que nos rodea. El regalo de la comunidad de la iglesia y su centro, el regalo de la adoración, es que podemos traer todo lo que somos y nuestras vidas—la catástrofe completa—a la mesa de Jesús, y levantarnos bendecidos de nuestra adoración.

Si no eres parte de una comunidad de adoración, te invito a tomar en serio las palabras de Borg. Busca una, grande o pequeña, que alegre tu corazón, no importa la tradición de fe que sea. Yo quiero que te levantes el domingo alegre porque es el día de asistir a la iglesia. Si eres de los que te sientes cansado, estresado o vacío en tu experiencia en la iglesia, presta atención a lo que Dios puede estarte diciendo. Aunque yo espero, por el bien de la iglesia, que te sientas llamado a quedarte y a hacer que las cosas sean mejores, si esto es una carga demasiado pesada, busca una iglesia que alimente tu alma.

Buscar una iglesia que te haga sentir como en casa es como enamorarse. Puedes experimentar esta tarea con una lista de todas las cosas que estás buscando y sintiendo encontrar en una iglesia, como cuando buscas una pareja. Tu lista puede expresar tanto tus necesidades como tus anhelos, pero el Espíritu Santo puede sorprenderte. Puedes sentirte llamado a una iglesia con casi ninguna, si alguna, de las cualidades en tu lista. Eso me sucedió a mí algunas veces en mi vida cuando estaba en busca de una comunidad espiritual: el Espíritu Santo me guio a una iglesia que yo nunca hubiese escogido por mí misma. Yo había hecho una lista de todas las cualidades que estaba buscando en una iglesia, pero la iglesia a la que me uní no tenía ninguna de esas cualidades. Sin embargo, tan pronto como entré, me sentí inmersa en la comunidad de forma que sobrepasaban la lógica. Cuando transitamos por el camio hacia Emaús, nunca sabemos a dónde nos llevará el camino.

Para aquellos de nosotros que somos líderes de una comunidad de fe, las palabras de Borg son una invitación a una evaluación honesta. ¿Cómo nuestra adoración nutre las almas de los presentes? Como obispa, yo adoro en una congregación diferente cada domingo. Cada semana yo intento evaluar lo que yo llamo "el cociente de gozo" en la adoración. Miro alrededor y me pregunto: "¿Cuán edificante es la experiencia de adoración? ¿Están cantando las personas? ¿Están las personas sonriendo mientras cantan? ¿Aquellos que leen los textos bíblicos lo hacen de forma convincente? ¿Cómo se siente cuando nos reunimos alrededor de la mesa de Jesús?" Particularmente con palabras que repetimos cada semana, importa que nos relacionemos con ellas con todo el corazón, dando vida a las palabras que Jesús nos ha confiado.

Una pregunta final, específicamente ahora para los líderes de la iglesia: ¿cómo describirías tu espacio de adoración en términos de limpieza, sentido de bienvenida y comodidad? Para ser franca, frecuentemente me siento desalentada por el desorden que veo en nuestros espacios de adoración y en los edificios de la iglesia, y de cuán poco esfuerzo se hace para asegurar que nuestra adoración dé la bienvenida a aquellos que no están familiarizados con nuestras tradiciones. Hay muchas pequeñas cosas que podemos hacer para crear un espacio afectuoso y acogedor en el que las personas puedan relajarse y por tanto abrirse a la experiencia de la presencia amorosa de Jesús. Atendiéndolos como líderes que somos es nuestra forma de crear un espacio sagrado y de ofrecer lo mejor de nosotros mismos para que Jesús pueda hacer su trabajo con y a través de nuestro encuentro.

Reclamando el tiempo

Termino este capítulo con una palabra de ánimo para todos los que son parte de una comunidad de adoración, o para quienes quieren serlo, pero sienten la constante atracción de otros compromisos que conspiran contra una práctica de adoración semanal. Yo comprendo. Vivimos en un mundo de 24 horas diarias y el domingo no es más un día de descanso en nuestra cultura, si acaso lo fue en algún momento. Yo comprendo las presiones del trabajo y de las relaciones, así como las demandas que compiten con las pequeñas ventanas del tiempo que nos quedan libre.

En respuesta a esto, todo lo que puedo decir es que la adoración regular con otros cristianos en un ambiente espiritualmente nutritivo es alimento para nuestra alma y una oportunidad inestimable para experimentar la presencia de Cristo en comunidad. La adoración es importante pero rara vez es urgente. Otras demandas en nuestro tiempo casi siempre se sentirán como que tienen más importancia, y quizás a veces es así. Pero es difícil recuperar lo que perdemos cuando nos perdemos el ritmo semanal de adoración. Quizás no te des cuenta de eso al inicio, pero con el tiempo, la ausencia de sustancia espiritual comunitaria tendrá sus consecuencias. No es que no podemos experimentar el amor de Jesús en otro lugar, pero hay una gracia particular en la adoración—una presencia permanente que llegamos a conocer con el tiempo—en la cual vale el esfuerzo de estar presenta cada semana.

Incluso, hay momentos cuando necesitamos estar en adoración por el bien de otra persona. En la adoración, así como en otros lugares, se nos da la oportunidad a veces de ser una expresión viva del amor de Dios para otras personas, así como lo están otros para nosotros. Esta es una experiencia poderosa cuando somos conscientes de lo que está sucediendo, aunque a veces no estamos conscientes de cómo estamos ayudando a otros a sentir la presencia de Jesús con y por ellos. Si ellos nos dicen algo después sobre nuestra ayuda en su encuentro sagrado, quizás no recordemos lo que dijimos o hicimos. Con seguridad el hecho de que podemos ser expresiones mutuas del amor de Dios añade otra motivación para estar presente en la adoración, incluso cuando es más fácil quedarnos en casa. No solo experimentamos personalmente la gracia de Dios en la adoración, también podemos tener un papel en la respuesta a la oración de otra persona.

Que Dios nos bendiga a cada uno de nosotros mientras transitamos el camino hacia Emaús, donde Jesús se encuentra con nosotros, incluso sin que le reconozcamos. Que podamos experimentar esos breves y poderosos encuentros mientras nos reunimos en adoración, cuando él se revela en las escrituras y en la fracción del pan.

5

Bendecir

COMPARTE LA FE, DA Y SIRVE DESINTERESADAMENTE

Entonces los justos le preguntarán: "Señor, ¿cuándo te vimos con hambre, y te dimos de comer; o con sed, y te dimos de beber? ¿Y cuándo te vimos forastero, y te recibimos; o desnudo, y te cubrimos? ¿Cuándo te vimos enfermo, o en la cárcel, y te visitamos?" Y el Rey les responderá: "De cierto les digo que todo lo que hicieron por uno de mis hermanos más pequeños, por mí lo hicieron." —Mateo 25:37–40

BENDECIR ES LA MÁS AFIRMATIVA y vivificante de todas las prácticas, tanto para nosotros como cuando bendecimos a otros. A través de actos y expresiones de bendición, somos parte del amor creativo de Dios, quien nos ha bendecido desde el inicio de la creación. Dios es la fuente primaria de toda bendición, de todo lo bueno, amoroso y vivificante en este mundo. Nuestras vidas son enriquecidas sin medida con las oportunidades diarias de ofrecer y recibir bendiciones. Con solo presentar las palabras *bendecir* y *bendición* en nuestra mente, se abren oportunidades de ofrecer y recibir una bendición que de otra forma perderíamos. El gozo de una bendición es contagioso.

Las palabras *bendecir* y *bendición* aparecen con cierta regularidad en nuestro lenguaje ordinario. Por ejemplo, cada vez que alguien estornuda en nuestra presencia, automáticamente respondemos diciendo: "Que Dios te bendiga." ¿Te has preguntado alguna vez por qué? Cada cultura en el mundo tiene virtualmente alguna frase de bendición en respuesta a un estornudo. El papa Gregorio el Grande en el siglo sexto es quien tiene el crédito de haber dicho por primera vez "Que Dios te bendiga" cuando alguien estornudó. No fue una bendición pequeña, ya que una plaga severa se había expandido por Europa y estornudar era uno de sus síntomas. Aunque ahora sabemos que estornudar no significa necesariamente que estamos enfermos, se mantiene el impulso de desear buena salud a quienes estornudan.

Otro uso común de las palabras *bendecir* y *bendición* es lo que decimos, generalmente en oración, antes de comer. Esto es también una práctica universal. Las bendiciones cristianas dirigen usualmente nuestra atención a la comida en sí misma, a aquellos que la prepararon y a aquellos que la comparten. Quizás tú conozcas esta oración: "Bendice estos dones para nuestro uso y a nosotros en tu servicio amoroso. Amén." En las oraciones judías junto a la mesa, la cual fue la tradición de Jesús, las palabras de bendición son dirigidas a Dios: "Bendito seas, Señor y Dios, Creador del universo, porque tú traes el pan de la tierra. Bendito seas, nuestro Señor y Dios, Creador del universo, por crear el fruto de la vid."

Como quiera que digamos la bendición o cualquiera sea nuestro énfasis, bendecir estimula la atención plena y la gratitud por el regalo de la comida. Nos ayuda también a recordar que no importa cuán seguros estemos de nosotros mismos, dependemos de la fuente de toda vida para nuestra vida. Recibir de esa fuente es un don, de tal forma que nos inspira a dar más generosamente como respuesta.

Una tercera forma en que las palabras de bendición son usadas en el lenguaje común es en respuesta a la pregunta que usamos para saludarnos: "¿Cómo estás?" Entre las respuestas típicas que damos está: "Estoy bien, ¿y tú?, o "Nada mal, gracias", o esta respuesta más edificante: "Estoy bendecido."

¿Qué significa cuando respondemos a una pregunta regular de saludo diciendo que estamos bendecidos? Quizás significa que la vida va bien, o que nos sentimos rodeados de buena suerte. Lo que me sorprende de la respuesta "Estoy bendecido" es que no parece depender de una circunstancia externa a nuestra vida. Las personas dirán que se sienten bendecidas no solo en tiempos buenos, pero incluso en las más difíciles de las circunstancias. En medio de una enfermedad devastadora, las personas dirán que son bendecidas por el amor de su familia o por el cuidado de sus doctores. Quienes hayan perdido un ser querido, darán gracias por la bendición de la comunidad de la iglesia o por los amigos que los cuidan durante la situación.

La práctica de bendecir

Mucha de la bondad que ofrecemos naturalmente unos a otros es llamada bendición. Reconocer tal gesto como una práctica espiritual simplemente nos anima a estar más dispuestos a bendecir, siendo conscientes de que somos instrumentos del amor de Dios cuando lo hacemos. Me gustaría describir tres formas en las que la práctica de la bendición nos acerca a Dios y nos ayuda a crecer en nuestra capacidad de amar.

La primera es quizás la más obvia: bendecimos a otros cada vez que decidimos ofrecer expresiones concretas de bondad a otra persona que está en necesidad o dolor. En tales circunstancias importa mucho que actuemos y no solamente que digamos una bendición. Como el apóstol Santiago deja claro: "Si un hermano o una hermana están desnudos, y no tienen el alimento necesario para cada día, y alguno de ustedes les dice: "Vayan tranquilos; abríguense y coman hasta quedar satisfechos", pero no les da lo necesario para el cuerpo, ¿de qué sirve eso?" (Santiago 2:15–16).

Jesús dice lo mismo es una parábola sobre el juicio final a la humanidad, cuando Dios separará a las personas unas de otras, así como el pastor separa las ovejas de las cabras. Quienes recibirán la última bendición de Dios son aquellos que bendijeron a otros a través de acciones de compasión. Sin saberlo en ese momento, ellos estaban bendiciendo también a Dios. "De cierto les digo que todo lo que hicieron por uno de mis hermanos más pequeños, por mí lo hicieron" (Mt 25:40). Uno de los sellos distintivos de este tipo de bendición es la bondad. Así como John O'Donohue escribe: "Cuando alguien es bondadoso contigo, tú te sientes comprendido y visto. No hay juicio o percepción cruel hacia ti. La bondad tiene ojos generosos."[1]

No hace mucho tiempo tuve un accidente mientras montaba una bicicleta. Mientras pasaba por la pista junto al parque Rock Creek en Washington, DC, el manubrio dio con un arbusto al lado izquierdo del sendero, lo cual causó que las ruedas se deslizaran. Caí duro contra el pavimento y mi cabeza cayó a unas pulgadas de la vía por donde venían los carros. Me senté en el sendero mientras las personas montaban sus bicicletas y los carros pasaban sin detenerse. Todo en lo que podía pensar era en la historia que Jesús contó sobre un hombre herido junto al camino (Lucas 10:25–37). Me preguntaba si alguien se detendría.

Como en la historia de Jesús, alguien eventualmente se detuvo y me preguntó si estaba herida. Ella se quedó lo suficiente como para asegurarse que yo estaba bien, a pesar de que lo único que tenía eran unos pocos rasguños y dolor en el costado. Ella continuó su camino solo cuando la convencí de que verdaderamente yo estaba bien.

Yo sentí la bendición de su presencia y sincera voluntad de ayudar. Nunca me dijo su nombre, pero yo nunca olvidaré su bondad.

---

1. John O'Donohue, *To Bless the Space Between U: A Book of Blessings* (New York: Doubleday, 2008), 186.

Al día siguiente, asistí a un servicio de dedicación de la escuela gratuita para niños, la cual es patrocinada por la Diócesis de Washington y tiene su nombre en honor al Obispo John Walker. La misión de la escuela es proveer una educación de gran calidad a niños afroamericanos en una de las áreas más desatendidas de Washington, DC. La Escuela Obispo Walker se había mudado recientemente a un nuevo y hermoso edificio dentro de un gran complejo de organizaciones artísticas, educativas y sociales en el sureste de Washington. En esa ocasión nos reunimos para celebrar este nuevo capítulo en la misión de la escuela.

La ceremonia comenzó con uno de los estudiantes recitando la oración de la Escuela Obispo Walker: "Concede, oh Señor, que nunca olvidemos ser generosos en todas las alegrías de nuestra vida. Ayúdanos a ser dadivosos en la amistad, considerados con aquellos menos felices que nosotros y abiertos a llevar las cargas de los demás." Después, treinta estudiantes cantaron una versión musical de esa oración. Mientras yo miraba los rostros llorosos y sonrientes de quienes se habían reunido para la dedicación, muchos de los cuales habían contribuido financieramente desde la creación de la escuela, yo me daba cuenta que esfuerzos como los de la Escuela Obispo Walker son solo posibles cuando individuos deciden invertir en bendecir estratégica y colectivamente. Como respuesta a las bendiciones de generaciones pasadas que ellos experimentaron, ahora se integran a instituciones cuya misión es bendecir. Nosotros no podemos lograr una bendición sostenida a larga escala por nosotros mismos, pero sí podemos hacerlo cada vez que invertimos colectivamente nuestras energías y recursos.

Una segunda manera en la que podemos practicar la bendición está relacionada con el ritual cristiano conocido como *bendición*. Esta es una bendición oficial, dicha de parte de Dios, típicamente por un ministro ordenado, al final del servicio o de otra ceremonia en la iglesia. Las bendiciones son comunes en la Biblia, generalmente como palabras finales dichas por un líder venerado, al inicio o al final de un texto. En cada uno de estos contextos, se espera que las palabras den seguridad y ánimo o que transmitan gozo, paz y afirmación.

Aquí hay dos ejemplos familiares de la Biblia: "¡Que el Señor te bendiga, y te cuide! ¡Que el Señor haga resplandecer su rostro sobre ti, y tenga de ti misericordia! ¡Que el Señor alce su rostro sobre ti, y ponga en ti paz!" Esta es una bendición judía antigua, dicha originalmente por Aarón, el hermano de Moisés, según dice el libro de Números 6:22–26. Otra bendición cristiana amada se encuentra al inicio de la carta de Pablo a los cristianos en Filipos: "Doy gracias a mi Dios cada vez que me acuerdo de ustedes. En todas mis oraciones siempre ruego con gozo por todos ustedes, por su comunión en el evangelio, desde el primer día hasta ahora. Estoy persuadido de que el que comenzó en ustedes la buena obra, la perfeccionará hasta el día de Jesucristo" (Fil 1:3–6).

No importa cuán hermosas y oficiales sean están bendiciones, la autoridad para bendecir no se reserva solamente a los líderes religiosos en los contextos ceremoniales. Todos podemos hacerlo en cualquier lugar, en cualquier momento. John O'Donohue dedicó su vida a recuperar las formas y la práctica del arte perdido de bendecir, la cual él definió como "palabras que crean un círculo de luz alrededor de una persona para protegerla y fortalecerla."[2] Para él, solo la palabra evoca un sentido de afecto y protección. La palabra "sugiere que ninguna vida está sola o es inalcanzable."[3] Podemos crear un círculo de luz alrededor de cada uno de nosotros con palabras de bondad y afirmación.

Aquí está lo que la práctica espiritual de bendecir es para mí. Cuando estoy en conversación con otros—ya sea miembros de la familia, colegas de trabajo, vecinos o amigos—cuando llega el momento de decir adiós, intento ofrecer una palabra de afirmación

---

2. O'Donohue, *To Bless the Space*, 198.

3. O'Donohue, ibid, xiii.

y ánimo. Yo señalaré, por ejemplo, alguna cualidad que veo en
ellos que yo amo o admiro. O mencionaré algo que ellos dijeron
en la conversación como una afirmación de valentía o amor. Si
ellos están pasando por un momento difícil, yo reconozco el hecho
e intento hacerles saber que estoy presente para ellos. Les digo
cuánto significan para mí. Yo intento no exagerar en esto, ya que la
meta no es llenar a la gente con falsos elogios, sino ir más profundo
y hablar desde el corazón.

Bendecir es una práctica maravillosamente edificante, así como
un recordatorio de la importancia de nuestras palabras. Como
escribe Joan Chittister: "Los piadosos son aquellos que nunca
hablan de forma destructiva sobre otra persona—ni en ira o venganza. Ellos pueden ser contados para traer un corazón abierto a
un mundo cerrado y desgarrado . . . Los santos son aquellos que
viven bien alrededor de otros. Ellos son justos, son rectos, son bon-
dadosos. La ecología de la humanidad está segura con ellos."[4]

Mientras he profundizado esta práctica últimamente, he descubierto que también estoy más abierta a recibir palabras de afirmación de otros hacia mí, evitando así desechar sus palabras debido
a la vergüenza o la falsa humildad. Por ejemplo, mi madre, con
ochenta y siente años, termina casi cada conversación con "Estoy
tan orgullosa de ti." Esto siempre me ha hecho sentir incómoda.
Pero ahora yo me digo a mí misma: "Acéptalo, Mariann. Siente la
bendición." Yo te animo a hacer lo mismo.

Bendiciones durante las dificultades

La tercera práctica de bendición es la más difícil debido a su contexto. Yo hablé de ella anteriormente cuando reflexionaba acerca de
lo que queremos decir cuando decimos "soy bendecido", sin importar las circunstancias. Parte de esta práctica espiritual es aprender a

---

4. Chittister, 24.

aceptar la bendición que proviene de situaciones que hemos inten-
tado evitar por todos los medios. Yo nunca he creído que Dios
nos trae dificultades y sufrimientos, pero sé por experiencia propia
y observación de los otros que podemos, sin embargo, sentirnos
bendecidos en momentos difíciles. Nombrar esas bendiciones
tiene el poder de transformar nuestra experiencia de sufrimiento.

Las bendiciones que nacen de las dificultades están alrededor
de nosotros, por ejemplo, cuando en medio de un desastre natural,
una comunidad se une y las personas se cuidan unas a otras de forma
transformadora, cambiando así para siempre y para bien la calidad
de vida de ese momento en lo adelante. Las bendiciones durante
los tiempos difíciles toman también la forma de transformación profunda, interna. Nunca necesitamos sentir gratitud por los eventos
dolorosos que dieron base a experimentar la bendición de echar
raíces y la gratitud por el florecimiento en nuestras vidas. Como
escribe la sacerdote episcopal y autora Barbara Brown Taylor:

> Fue cuando tu familia se mudó por cuarta vez en cinco años que
> aprendiste a disfrutar de tu propia compañía los meses antes
> de hacer amigos. Fue cuando tu pareja te dejó que recordaste
> qué más puedes hacer en tu vida, más allá de estar juntos. Fue
> cuando el doctor te llamó para hablar de la mancha en tus pul-
> mones, que finalmente te reconciliaste con tus hermanas. Esto
> no fue lo que tú escogiste para ser mejor de lo que eras, pero fun-
> cionó. El dolor quemó los cojines que usaste para evitar caerte
> contra el piso.[5]

Sin embargo, no todas las dificultades traen bendiciones con ellas.
Algunas son muy devastadoras. Además, nuestra respuesta al dolor
afecta cuán dispuestos y decididos estamos en buscar y clamar la
bendición que nace del dolor.

---

5. Barbara Brown Taylor, *An Altar in the World: A Geography of Faith* (New York: HarperOne, 2009), 157.

Hay una historia famosa en el Génesis sobre una noche larga y solitaria cuando un hombre llamado Jacob luchó con un extraño. Jacob se refirió a él después con el término *ángel*. Jacob fue, en todos los términos posibles, un canalla. Desde muy temprano en su vida, le robó la bendición que su padre intentaba dar a su hermano Esaú. En el antiguo Israel, la bendición del padre no podía ser retirada una vez dicha, ni siquiera en casos de confusión de la identidad, así como en el caso de Jacob y Esaú. ¡Puedes imaginarte cuán bien se llevaban los dos hermanos!

La bendición robada, aunque real, no cayó bien en la conciencia de Jacob. Él sabía que necesitaba reconciliarse con su hermano, lo cual sucedió eventualmente. Él también sabía que, de alguna manera, tenía que reconocer todo ante Dios. Fue durante ese tiempo de lucha interna, cuando Jacob huyó con su familia y acampó cerca de una corriente de agua. En ese momento es que el hombre extraño se apareció y luchó contra Jacob toda la noche. Fue una expresión física de la tormenta interior de Jacob. Finalmente, cuando amanecía, el hombre le pidió a Jacob que lo dejara ir. Jacob le contestó: "No te dejaré ir, si no me bendices" (Gn 32:22–31).

"No te dejaré ir, si no me bendices", es una de mis líneas favoritas en toda la Biblia. Todos nosotros debemos luchar en la vida con dificultad por nuestros fallos y errores. Debemos luchar contra ellos hasta que la bendición se revele por sí misma. No estoy sugiriendo que endulcemos algo terrible o que pretendamos sentirnos bendecidos cuando no lo estamos, sino que nos permitamos recibir una bendición en nuestros momentos de dificultad—como quiera que esta venga. Puede ser la bendición de una verdad que costó descubrir, o una capacidad que ha crecido en nosotros debido a nuestra experiencia, o un regalo que nos sostiene a través de una prueba. Nunca desearemos a nadie lo que nosotros hemos pasado, y sin embargo, la bendición, cuando llega, es frecuentemente suficiente para que seamos agradecidos por la persona que hemos llegado a ser como resultado de nuestras luchas. Ese es el poder milagroso de la bendición.

Una forma de apreciar el poder de la bendición es imaginar un día o una vida entera sin ella. Es doloroso contemplar estar privado o privarse uno mismo del poder creativo y transformador de bendecir y de recibir una bendición. Cada año durante el tiempo de Navidad, los estadounidenses van masivamente a los teatros a ver adaptaciones de *Un Villancico de Navidad*, de Charles Dickens. En ese clásico, Ebenezer Scrooge es un hombre que no puede dar ni recibir una bendición. Aunque tiene riquezas para gastar, él es sujeto de pena por parte de quienes sufren escasez o de quienes sufren su crueldad incalculable. A través de la visita nocturna de tres fantasmas que despiertan su conciencia y ablandan su corazón, Scrooge recibió una oportunidad de redimir su vida. La historia termina con alegría ya que Scrooge extiende una gran bendición mientras es acogido en el calor de la familia y los amigos que antes él había rechazado. A través de la bendición, Scrooge nace nuevamente.

Practicar la bendición es mantener nuestros ojos y oídos abiertos a las oportunidades de ofrecer una bendición a través de nuestras acciones y nuestras palabras, y de recibir en gratitud bendiciones ofrecidas a nosotros. En tiempos de dificultades y luchas, la práctica de la bendición es como una oración en la que pedimos a Dios que se revele o provea la bendición que necesitamos o que un ser querido debe recibir. Yo oro porque cuando otros pregunten, a forma de saludo, "¿cómo estás?", tú puedas decir, con total sinceridad, sin importar la circunstancia: "Estoy bendecido". Y más, yo oro porque te conozcas a ti misma y para que seas una bendición, como quien crea círculos de luz y amor para otros a través de tus palabras de afirmación y de las expresiones concretas del amor de Jesús. Tal es el camino de la bendición. Tal es el Camino del Amor.

6

Ir

CRUZA FRONTERAS, ESCUCHA PROFUNDAMENTE Y VIVE COMO JESÚS

"De estos tres, ¿cuál crees que fue el prójimo del que cayó en manos de los ladrones?" Aquél respondió: "El que tuvo compasión de él." Entonces Jesús le dijo: "Pues ve y haz tú lo mismo." —Lucas 10:36–37

A INICIOS DE DICIEMBRE DEL 2019, recibí un correo electrónico de un colega. "Ya sé que esta es una invitación a último momento", escribió este, "pero un grupo de nosotros está viajando a El Paso, Texas, la próxima semana para encontrarnos con nuestras contrapartes a ambos lados de la frontera entre Estados Unidos y México, y si es posible con aquellos que buscan asilo en nuestro país. ¿Te gustaría venir con nosotros?" Mi corazón saltó y se hundió a la misma vez, y pensé "Si mi vida me permitiera aceptar. Pero, por supuesto, no puedo." Inmediatamente comencé a racionalizar mi decisión de rechazar la invitación. "¿Cuánto bien podría venir de una visita de unos pocos días? Tengo muchas cosas que debo terminar. Hay muchos asuntos que debo resolver en mi propia ciudad."

Mi decisión inmediata de negarme no me cayó bien. En mi corazón, yo quería ir. ¿Por qué mi cabeza decía no? Miré mi calendario otra vez y me di cuenta que no sería muy difícil mover algunas citas. Comencé entonces a preguntarme si esta era una invitación santa, incluso quizás hasta una orden. Decidí probar las aguas hablando con aquellos que me rodeaban. Quienes yo pensé que me desanimarían de ir estaban agradecidos de que yo al menos considerara el viaje. "Ve, por favor", dijeron. "Queremos escuchar sobre lo que vas a ver."

En unas pocas horas, había hablado con mi esposo, había despejado mi calendario y había comprado el pasaje hacia El Paso. Unos días después, me encontraba caminando las mismas calles de Juárez, México, que yo había visitado mientras estaba en la escuela secundaria. Esta vez yo veía la frontera a través de los ojos de quienes huían de la violencia y la extrema pobreza en sus países de origen. Nos reunimos con organizaciones cristianas dedicadas a proveer refugio y ayuda legal a migrantes en El Paso. Nuestro grupo oró afuera del centro de detención juvenil en Trujillo, Texas, donde más de tres mil menores sin compañía habían sido detenidos, cuando el local había sido construido originalmente para albergar trescientos. Yo estuve todo el tiempo entre desconsolada e inspirada. Desconsolada por el sufrimiento humano e inspirada por aquellos que dedicaban sus vidas a aliviarlo.

Al reflexionar sobre nuestra experiencia y al orar juntos, los miembros de nuestro grupo consideramos formas de regresar a El Paso en el futuro con materiales y voluntarios para ayudar a quienes estaban haciendo todo lo que podían por ayudar a los migrantes traumatizados. Nos preguntamos qué podíamos decir con nuestra voz colectiva ante la necesidad de más compasión en las políticas migratorias de nuestra nación. Yo regresé a casa recordando el poder de la proximidad, cuán importante es experimentar en carne propia los sufrimientos y la injusticia, a las cuales puedo mantener fácilmente lejos de mí, mientras debato "los problemas" de nuestro tiempo sin saber personalmente o sin involucrarme con nadie afectado negativamente por ellos.

Existe un riesgo en ir. Hay una vulnerabilidad en cruzar fronteras que conspira con mantenernos separados unos de otros. Pero tal riesgo es una expresión de amor. Nuestra ida activó el amor dentro y entre nosotros, el cual hubiese quedado dormido en otra circunstancia. Pablo escribe en su carta a los filipenses 2:5–8 del amor de Jesús como el cruce de frontera más extremo, y nos invita a seguir su ejemplo:

> Que haya en ustedes el mismo sentir que hubo en Cristo Jesús, quien, siendo en forma de Dios, no estimó el ser igual a Dios como cosa a que aferrarse, sino que se despojó a sí mismo y tomó forma de siervo, y se hizo semejante a los hombres; y estando en la condición de hombre, se humilló a sí mismo y se hizo obediente hasta la muerte, y muerte de cruz.

Jesús es una expresión de cuán lejos Dios está dispuesto a ir por nuestra salvación. ¿A dónde estamos dispuestos nosotros a ir en respuesta a tal amor?

Sin embargo, nosotros sabemos que no es posible ir a cualquier lugar todo el tiempo. Ante la realidad de las frecuentes necesidades abrumadoras, la pregunta de discernimiento siempre está ante nosotros. ¿Cómo podemos determinar a dónde Dios no está llamando en medio de evidentes e infinitas posibilidades? A veces, por sentimientos de culpa o por miedo a perdernos algo, asumimos que debemos ir a todos los lugares, todos valiosos en sí mismos, siempre en respuesta a la necesidad o con un trabajo importante a ser realizado. A veces voy, la mayoría de las veces sin la seguridad del llamado de Dios, y sí con mi propia necesidad de ser incluida o vista.

Thomas Merton, un monje y uno de los escritores cristianos más sabios del siglo veinte, dedicó su vida a escuchar a Dios y a ayudar a que otros hicieran lo mismo. El escribió una vez una oración confesando cuán poco conocía de la voluntad de Dios para con su vida, y el particular terreno peligroso en el que estaba siempre que imaginaba que él no sabía:

Oh, Señor Dios, no tengo idea a dónde voy. Yo puedo ver el camino frente a mí. No puedo saber con certeza dónde terminará. Ni siquiera me conozco a mí mismo, y el hecho de que piense que estoy siguiendo tu voluntad no significa que realmente lo esté haciendo.[1]

Como Merton, somos sabios para reconocer nuestra incertidumbre sobre el llamado de Dios a ir, mientras damos un paso y luego otro, haciendo correcciones del curso durante el camino.

A veces pienso que sabemos exactamente a dónde Dios quiere que vayamos, pero pretendemos que no lo sabemos. Fingimos, ignoramos, hacemos casi nada por evitar ir al lugar a dónde se nos ha pedido porque, por varias razones, simplemente no queremos ir allí. Yo estoy muy consciente de la reticencia a ir a lugares en los que siento que estoy fuera de control, o donde temo que seré juzgada duramente. También sé, como alguien acostumbrada a la comodidad de los privilegios, que es atemorizante tomar el riesgo de perderlos. En un nivel más mundano, a veces digo no por pereza.

Diciendo "No" al llamado

Yo no iría tan lejos como para decir que "No" es siempre nuestra respuesta al llamado que Dios nos hace a ir a algún lugar en específico, pero es frecuentemente nuestra primera respuesta. Hay una gran historia en la Biblia—pura ficción, pero no obstante cierta—sobre un hombre quien en respuesta al primer llamado que Dios le hizo, huyó tan lejos como pudo en dirección contraria. Su nombre es Jonás, y en el libro que lleva su nombre, escuchamos a Dios decirle a Jonás que fuera a la ciudad de Nínive. Su tarea era predicar el juicio, ya que los habitantes de Nínive habían pecado mucho y Dios no estaba satisfecho. Jonás no quería ir a Nínive, porque no

---

1. Thomas Merton, *Thoughts in Solitude* (New York: Farrar, Straus, and Giroux, 1958), 83.

le gustaba la gente de Nínive y estaba feliz pensando que ellos iban a ser castigados por sus errores.

Para evitar el llamado de Dios, Jonás huyó, eventualmente metiéndose en un bote que salía al mar. Una tormenta causó que la tripulación del bote entrara en pánico y ellos lanzaron a Jonás por la borda. Ustedes pueden recordar que Jonás se pasó entonces tres días en el vientre de un gran pez. Esto fue suficiente para él como para darse cuenta que ir a donde Dios quiere, aunque no sea deseable, es mejor que permanecer donde estaba en ese momento. Entonces gritó a Dios, Dios lo escuchó, y por orden divina el pez vomitó a Jonás.

Después, el texto dice: "La palabra del Señor vino a Jonás por segunda vez." Cuando Dios le dice a Jonás que vaya a Nínive esta vez, Jonás dice sí. Él va y le advierte al pueblo de Nínive que ellos enfrentarán el juicio de Dios si no dejan atrás sus caminos pecaminosos. Como temía Jonás, el pueblo de Nínive realmente lo escuchó y comenzó el doloroso proceso de enmendar sus vidas. Dios, en respuesta, tuvo misericordia de ellos, lo cual irritó a Jonás en gran manera. Pero a pesar de su reticencia inicial y de su mala actitud, Jonás fue a donde Dios le ordenó. Como resultado, las personas se salvaron.

La enseñanza de la historia de Jonás es que cuando Dios nos pide que vayamos a algún lugar, sí es una mejor respuesta que no, pero llegar a decir sí no es siempre fácil.

Decirle que no a Dios no significa que somos malas personas. Es comprensible resistirse al llamado a ir a lugares que pareces riesgosos o peligrosos, o menos nobles para nosotros, o simplemente inconvenientes. Nosotros queremos mantenernos en control de nuestras vidas o en la ilusión de control. A veces, sin embargo, decimos "no", no porque no queremos ir, sino porque lo que Dios nos está pidiendo es mucho para nosotros. Si pudiéramos, iríamos, pero no podemos—al menos todavía no y no con nuestras propias fuerzas. Hay una historia en uno de los evangelios sobre un hombre rico, quien se acercó a Jesús pidiéndole consejo. Jesús inmediatamente quiso ayudarlo y lo invitó a vender todo lo que tenía y a unirse al grupo de discípulos de Jesús. El hombre no pudo hacerlo y, con el corazón partido, se fue. Jesús se entristeció al verlo irse: "¡Qué difícil es para los ricos entrar en el reino de Dios!" (Marcos 10:17–27). Me gusta imaginar a ese hombre regresando a Jesús algún día, o uniéndose al grupo de apóstoles más adelante.

Tengo la sensación de que Dios no está sorprendido cuando, al inicio, o por mucho tiempo, decimos que no cuando él nos pide ir a algún lugar. Dios sabe que lo que se nos pide es difícil y puede muy bien estar por encima de nuestra capacidad. Por supuesto que decimos "no" al inicio. Piensen en Jesús en el Jardín de Getsemaní. Él sabía a dónde le llevaba el camino de la fidelidad y él no quería ir allí. "Padre mío, si es posible, haz que pase de mí esta copa", así oró él (Mt 26:39). A veces queremos que la copa pase de nosotros, también.

Jesús continuó orando, quizás la más difícil, valiente, y sí, la más sumisa de todas las oraciones: "Pero que no sea como yo lo quiero, sino como lo quieres tú." Jesús sometió su voluntad a la voluntad de Dios. Yo hago lo mejor que puedo cuando oro esa oración, pero a veces no puedo. Puede que diga las palabras, pero mi corazón no está listo para aceptar lo que estoy dispuesta a evitar a toda costa. Lo que he aprendido es que no estoy condenada por mi reticencia. Jesús me invita a mantenerme en relación, en conversación, a traer mis preocupaciones, miedos e incluso mi protesta a Dios en oración. Recuerden a Jonás, sin lugar a dudas, el profeta más reticente en la Biblia. Incluso en el vientre del pez, se mantuvo en conversación con Dios. "No" no fue su última respuesta. Tampoco tiene que ser la nuestra.

¿Cómo entonces nos ayuda Dios a pasar del "no" al "sí"?

Diciendo "Sì" al llamado

Mirando hacia atrás en mi vida, ha habido momentos en los que Dios plantó la semilla de la posibilidad para mi futuro al pedirme ir a algún lugar, mucho antes de que yo pudiera decir "sí". Incluso en los momentos en que intentaba ir, yo fallaba en el intento. Frecuentemente Dios nos llama en amor a un mayor crecimiento espiritual al invitarnos a abrirnos más de lo que nuestra madurez espiritual lo permite. Como resultado, aprendí lecciones importantes sobre el fracaso, lo cual me preparó para la siguiente vez que escuché el llamado a ir a algún lugar extraño o atemorizante para mí. Incluso he visto cómo amigos y miembros de mi familia luchan internamente con un sentido emergente del llamado—yendo de un lugar a otro, diciendo "no" categóricamente o intentando y fallando, solo para experimentar el mismo llamado otra vez. El poeta inglés Francis Thompson describió este proceso como estar siendo "perseguido por los cielos."[2] Se puede sentir como si estuviéramos siendo perseguidos, hasta que al final estamos listos para decir: "Sí, yo iré".

Otra forma en que Dios nos engatusa en amor del "no" al "sí" es a través del ejemplo de otras personas y, en particular, de personas que nos inspiran. Ellas nos animan precisamente porque han cruzado el umbral que puede ser nuestro destino. Vemos en ellas parte del potencial no realizado en nosotros; y nosotros queremos estar donde ellos están. Queremos ser como ellos y parte de nosotros incluso añora ser ellos, y por supuesto, no podemos lograrlo. Solo podemos ser nosotros mismos, pero lo que podemos ver en ellos nos inspira a ir a donde ellos ya han transitado.

Cuando tenía veinte y pocos años, me hice amiga de un grupo maravilloso de jóvenes adultos que ya estaban en sus treintas. Yo estaba soltera y estaba en el último año de la universidad, mientras que ellos estaban en la angustia de sus recientes matrimonios y la

---

2. Francis Thompson, *The Hound of Heaven*, *https://www.bartleby.com/236/239.html* (acceso el 20 de febrero del 2019).

crianza de los hijos. Todos éramos parte de una pequeña comunidad cristiana con un compromiso ardiente de servir a personas sin hogar en nuestra ciudad. Yo admiraba tanto a mis amigos mayores que yo, y solo quería estar donde ellos ya estaban en la vida. Ellos eran más que felices al adoptarme como parte de su tribu como una hermana menor. Eventualmente me di cuenta, sin embargo, que yo no podía saltarme mis veinte y caer donde ellos estaban. Yo tenía que vivir mi vida, lo cual, a tiempo, significaba dejar a mis amigos y la ciudad donde había asistido a la universidad y encontrar mi propio camino a través de una década de formación turbulenta. Yo no quería dejar atrás el afecto de su comunidad y la identidad que yo ansiaba tener entre ellos. Fue su ejemplo el que me motivó a irme.

Jesús fue un maestro usando ejemplos inspiradores como aliento para quienes estaban alrededor de él. Su parábola más famosa fue contada, en parte, para inspirar a un maestro de la ley a vivir según las grandes aspiraciones del amor según las enseñanzas en las escrituras. El maestro de la ley se acercó a Jesús para preguntarle qué era necesario hacer para heredar la vida eterna. Jesús sabía que el maestro de la ley conocía la respuesta a su propia pregunta, así que le pidió que recitara el requisito espiritual principal según la Torah, y el maestro de la ley respondió obedientemente: "Amarás al Señor tu Dios con todo tu corazón, con toda tu mente, con toda tu alma y con todas tus fuerzas. Y amarás a tu prójimo como a ti mismo." Jesús le contestó: "Has contestado correctamente. Haz esto, y vivirás."

El maestro de la ley insistió más, ya que quería que Jesús le dijera exactamente a qué prójimo él tenía que amar para, presumiblemente, no perder energía amando a la persona equivocada. Jesús respondió con una historia que conocemos como El Buen Samaritano, en la cual un hombre es golpeado y dejado por muerto a un lado del camino. Tres hombres lo ven, dos continúan su camino mientras que uno se detiene a ayudarlo. Para ser más claro, los dos que no se detienen eran hombres justos a los ojos de la ley. El hombre que se detuvo a ayudar pertenecía a una raza despreciable. Jesús le preguntó entonces al maestro de la ley cuál de los tres hombres lo inspiró debido a su amor por el prójimo. Cuando el maestro de la ley respondió: "el que tuvo compasión de él", Jesús simplemente dijo: "Pues ve y haz tú lo mismo" (Lucas 10:25–37).

Algunas de las preguntas que debemos hacer cuando estamos discerniendo el llamado de Dios son: ¿Quién nos inspira? ¿Qué significaría para ti seguir su ejemplo? ¿Si parece imposible ir a donde ellos fueron, será que ellos son una luz que te guía a través de su inspiración, a donde Dios te está llamando a ir? Ese poder de inspiración funciona no solo para nosotros como individuos, sino también para la comunidad. Frecuentemente yo le pregunto a los líderes de la iglesia que están intentando discernir su futuro: "¿Hay alguna iglesia a tu alrededor que está haciendo lo que tú quieres que hiciera tu iglesia, es decir, alcanzando a las personas que tú quisieras alcanzar?" Si es así, inspírate en su ejemplo y aprende de ellos. En tu propia forma, como dijo Jesús, ve y haz tu lo mismo.

El camino del gozo

Existe otra forma en que podemos experimentar el llamado de Dios a ir, esta vez completamente diferente de la resistencia y la lucha. A veces, increíblemente, Dios nos llama a los lugares que más queremos ir. A veces Dios nos guía hacia el deseo más grande de nuestro corazón. Hay mucho en la vida espiritual que nos pide aceptar lo que no podemos cambiar y con valentía prepararnos para ir a lugares que nos asustan. Pero también existe la experiencia del gozo, de ser guiados a lugares en los que se supone que debemos estar.

Podemos confiaren el camino del gozo, en el deseo de nuestro corazón. Dios nos dio nuestros deseos para ayudarnos a guiar nuestra vida. A veces evitamos cumplir esos deseos por razones que están más allá de nuestro entendimiento o control, pero cuando el camino se abre ante nosotros, debemos tomarlo. Qué regalo es ir, en las palabras de Frederick Buechner, "al lugar donde se unen nuestra más profunda alegría y el hambre más profunda del mundo."[3]

Yo nunca olvidaré el momento en que un colega me dijo cuando él estaba listo para hacer un cambio dramático en su vocación: "Me he estado preparando toda mi vida para este momento." Él era al menos veinte años mayor que yo, y yo no podía imaginarme a mí misma ni siquiera estando en una etapa similar en mi vida. Yo estaba en completa admiración por su auto-conocimiento y certidumbre. Yo sabía que yo quería ser capaz de decir lo mismo sobre mi vocación algún día. Pero así, cuando tenía veinte años y veía una vida que yo anhelaba pero para la que no estaba preparada, me di cuenta que no era capaz de vivir el deseo de mi corazón sin saber cómo las muchas hebras de mi vida se entrelazarían en el futuro.

Hay una dimensión final sobre "ir" que es necesario considerar aquí: aquellos momentos en los que somos llamados a ir mientras nos quedamos justo en el lugar en el que estamos. En otras palabras, Dios puede que nos esté llamando a un nuevo lugar, espiritual, relacional o vocacionalmente, pero quedándonos físicamente en el mismo lugar. Este es el llamado a profundizar y a madurar. En las sabias palabras de Joan Chittister: "puede que sea el barrio en el que vivimos más que el barrio que queremos lo que realmente nos hace seres humanos. Puede que sea el trabajo que tenemos más que la posición que nuestras almas desean alcanzar lo que nos libere de nosotros mismos."[4] O en las palabras del pastor Mark Batterso: "Si Jesús no te está llamando a continuar caminando hacia el agua, quédate en el bote."[5]

---

3. Frederick Buechner, *Wishful Thinking: A Seeker's ABCs* (New York: Harper One, 1993), 119.

4. Joan Chittister, O.S.B, *The Rule of Benedict: Insights for the Ages* (New York: Crossroad Publishing, 1992).

5. Transcripción de la conversación grabada entre Mark Batterson y Carey Nieuwhof, *https://careynieuwhof.com/episode128/* (acceso el 14 de febrero del 2019).

La mayor parte de mi vida adulta ha sido definida por "ir en el lugar", quedarme quieta y escuchar el llamado de Dios a ir y crecer donde estoy. Yo no escuché a Dios llamarme a ir a El Paso y a quedarme allí, por ejemplo; sino a ir y a regresar a mi vida y a enfrentar las realidades que ese viaje me enseñó sobre el lugar en el que estoy. Existe una libertad que viene de ir o de quedarse, según sentimos el llamado de Dios. Y así estamos respondiendo a Dios de la mejor forma que podemos. Hay un gozo en la compañía de Jesús, más allá de lo que podemos conocer, el gozo de estar con él, de unirnos a él en sus caminos de amor. Sin embargo, también sentimos el llamado a ir—ya sea a lugares que nos asustan o que nos inspiran, a aquellos que escogemos felizmente o a aquellos que evitamos a toda costa, a cruzar fronteras o a quedarnos físicamente donde estamos y a profundizar donde estamos—pero no vamos solos. Jesús va con nosotros. De hecho, él va antes que nosotros y se queda con nosotros. Incluso cuando decimos "no", él está a nuestro lado, y en caminos de gracia, nos hace cambiar del "no" al "sí".

7

Descansar

RECIBE EL DON DE LA GRACIA, LA PAZ Y LA RESTAURACIÓN DE DIOS

Los apóstoles se reunieron con Jesús y le contaron todo lo que habían hecho y enseñado. Jesús les dijo: "Vengan conmigo ustedes solos, a un lugar apartado, y descansen un poco." Y es que tanta gente iba y venía, que ellos no tenían tiempo ni para comer. Así que se fueron solos en una barca a un lugar apartado. —Marcos 6:30–32

CUANDO NUESTROS HIJOS TENÍAN DIEZ Y SIETE AÑOS de edad, yo viajé con nuestro hijo mayor Amos, a Centroamérica. Nos pasamos tres semanas en Guatemala estudiando español y viviendo con una familia. Al final de nuestro tiempo allí, Paul y nuestro hijo menor, Patrick, se encontraron con nosotros en Guatemala por unos pocos días y viajamos juntos como familia a Honduras, para visitar el hogar para niños abandonados donde Paul y yo habíamos trabajado cuando nos casamos.

Ahora de adultos, Amos y Patrick tienen memorias positivas de nuestros viajes, pero en aquel momento, fue una experiencia más estresante que lo que yo anticipé. Amos pasó un mal momento adaptándose al ambiente, a la comida y a estar lejos de sus amigos. Aunque vivíamos cómodamente, diariamente estábamos confrontados por la profunda pobreza que yo no podía explicar como madre. Más de una vez, Amos se enfermó y me suplicaba que lo llevara para la casa. Por eso yo vivía en un constante estado de preocupación. En mi ansiedad, trabajé para mantenernos a ambos ocupados. Nunca me relajaba.

Cuando Paul y Patrick llegaron, yo estaba en un estado frenético, con nuestros días planificados minuto a minuto. Paul aceptó esto al inicio, pero cuando yo sugerí durante nuestro último día en Guatemala que llevásemos a los niños a un hotel turístico con una piscina, él llegó a su límite. "Para", dijo él. "Yo solo quiero estar aquí contigo y con los niños. Esto para mí es suficiente." Solo entonces me di cuenta que mi actividad constante me había impedido estar totalmente presente para mi familia y para nuestra experiencia en aquel hermoso y problemático país. Realmente yo no estaba presente para Dios.

Ojalá esta historia fuese la excepción y no la regla de mi vida, pero en verdad, yo siempre he tenido dificultad para creer que estar presente es suficiente cuando debe haber algo más que puedo hacer.

Hay una historia en los evangelios sobre dos hermanas, María y Marta. Ellas y su hermano Lázaro fueron de los amigos más cercanos de Jesús y él frecuentemente se escapaba para pasar tiempo en su casa. En una clásica historia de contrastes, se nos cuenta de una vez en que Jesús fue a visitar a sus amigos. Mientras Jesús se reunía en una habitación, presumiblemente con un grupo de hombres, María tomó la iniciativa de unírseles y sentarse a los pies de Jesús mientras escuchaba cada una de sus palabras. Mientras tanto, Marta se ocupaba de la cocina preparando comida para todos los invitados. En cierto momento, Marta comenzó a molestarse por la ausencia de su hermana en la cocina y se quejó con Jesús. Ella le pidió que le dijera a María que la ayudara. Jesús, sin embargo, habló tiernamente con Marta: "estás preocupada y aturdida con muchas cosas. Pero una sola cosa es necesaria. María ha escogido la mejor parte, y nadie se la quitará" (Lucas 10:38–42).

Llegamos ahora a la última de las siete prácticas en el Camino del Amor: descansar. Para algunos de nosotros, es duro creer que descansar "importa", porque detenerse no parece ser una práctica. La sabiduría del Camino del Amor es que descansar es una práctica tan esencial como cualquier otra, ya que descansando aprendemos lo que significa disfrutar de nuestras vidas, disfrutar de la belleza de la creación, saborear el amor de Dios.

La incapacidad para descansar es contagiosa. En el verano del 2018 yo hice una encuesta a miembros de la diócesis de Washington en la que preguntaba cuál de las prácticas del Camino del Amor era fácil para ellos y con cuál tenían más dificultad. Casi todo el mundo que participó en la encuesta dijo que descasar era la práctica más difícil. "No soy buena a la hora de descansar", confesó una persona. "Yo fui criado para trabajar", escribió otro. "No estoy segura si yo sé cómo descansar". Más conmovedor aún, en talleres que tuvimos en la diócesis sobre el tema de la espiritualidad en los ancianos, muchas personas con setenta y ochenta años reconocieron cuán difícil era dejar atrás una identidad predominantemente definida por los logros y la productividad. Descansar puede parece como desistir, o como pérdida. "Nunca pares de trabajar", me dijo mi madre recientemente. "La vida se siente tan vacía".

Una razón por la que soy tan adepta al Camino del Amor es precisamente porque yo tengo problemas con muchas de sus prácticas. La disciplina de practicar, incluso cuando debo comenzar una y otra vez, tiene un impacto tranquilo y transformador en mi vida. Solo en espíritu de confesión, yo, sin lugar a duda una entre las personas menos calificadas en el planeta, me atrevo a escribir sobre descansar.

Yo comienzo con gratitud a Dios, quien nos llama a cada uno de nosotros a descansar—no como una sugerencia, sino como un mandamiento. Descansar es algo que debemos hacer para vivir una vida abundante. El mandamiento a descansar viene de los inicios de nuestra tradición de fe, un inicio que los cristianos compartimos con los judíos y los musulmanes, según se recoge en las historias bíblicas de la creación. En la primera de las dos historias de la creación que se encuentran en Génesis, Dios creó los cielos y la tierra, todas las criaturas en la tierra y la humanidad en seis días. El texto nos dice entonces que Dios descansó el séptimo día, y haciendo esto creó el día de descanso (Gn 1:1–2:3).

La historia de la creación celebra que nuestros cuerpos nos dicen cada día: somos creados como seres mortales con la condición física de descansar. No podemos sobrevivir sin el descanso físico. El mandamiento de Dios no intenta ser otra regla más para ser incluida en una tabla logística. Por el contrario, su propósito es que experimentemos el descanso como un regalo para nuestras almas y cuerpos.

No estamos hechos para trabajar todo el tiempo. A veces olvidamos que nuestros cuerpos pueden forzarnos a descansar cuando nos enfermamos. Esto le ocurrió a nuestro hijo mayor Amos hace poco tiempo. Él había estado trabajando muy duro, se quedaba en la oficina hasta tarde todas las noches y trabajaba los fines de semana desde la casa. Mi esposo y yo habíamos ido a la ciudad a visitarlo y a tener una comida con toda la familia. De esa comida él y su esposa contrajeron una intoxicación por alimentos. Casi no se pudo mover durante tres días. Fue esa comida, y no el cansancio, lo que hizo que se enfermara, pero estar enfermo lo forzó a detener su ritmo frenético. Una vez recuperado, me escribió: "Aunque no recuerdo haber estado tan enfermo en mi vida, aprendí algo a través de esta experiencia. Aprendí que necesito descansar." Desde ese entonces él ha hecho algunos cambios en su vida, nada drástico, pero lo suficiente como para hacer tiempo en su vida para descansar más, e incluso para jugar un poco.

Practicando el Sabbath

Sabbath es la palabra que usamos para describir el llamado de Dios a descansar. Esta proviene del hebreo, *shabbat*. La fiesta judía del Shabbat toma su forma del séptimo día de la creación cuando Dios descansó. Nosotros hemos heredado esta noción de un día de descanso—un día completo—de la tradición judía. Si alguna vez has experimentado el Shabbat en un hogar judío, sabes que comienza en la noche del viernes con una comida abundante a la luz de las velas y se completa con oraciones, canciones y risa. Después, todo el día siguiente, el sábado, hay una restricción de cualquier tipo de trabajo para los judíos practicantes. Es un día de gozo, para la familia y los amigos, y en las hermosas palabras del Rabí Abraham Joshua Heschel: "para reparar nuestras vidas deshechas."[1]

Mis amigos judíos que practican el Shabbat siempre me dicen que ellos no son rígidos en su práctica, aunque toman en serio la enseñanza rabínica antigua que Jesús citó cuando los fariseos lo criticaron por sanar durante el Sabbath: "El día de reposo se hizo por causa del género humano, y no el género humano por causa del día de reposo" (Marcos 2:27). Si el llamado a descansar se convierte en una obligación a cumplir—y en una obligación imposible a veces—o en una que nos imposibilita hacer actos de compasión, o en una que nos hace sentir culpables cuando debemos trabajar durante el día de reposo, entonces no es más un regalo que Dios y se convierte en otra forma de regañarnos a nosotros mismos por no ser lo suficientemente espirituales. Tanto en las tradiciones judía como cristiana, la observancia del Sabbath no es al final un acto de obediencia, sino una experiencia de libertad. Dios no descansó el séptimo día después de la creación para observar una ley. Por el contrario, las escrituras y las sagradas interpretaciones de estas han señalado durante siglos que Dios descansó porque decidió descansar y disfrutar de las delicias de la creación.

A veces lo que necesita ser hecho le quita valor al llamado a descansar. No es bueno regañar a los padres de niños pequeños, por ejemplo, porque no están descansando lo suficiente. Lo que ellos

---

1. Abraham Joshua Heschel, *The Sabbath* (New York: Ferrar, Straus and Giroux, 1951), 18.

necesitan cuando descansan es compasión y expresiones concretas de ayuda. Lo mismo sucede con aquellos con demandas contantes en el trabajo o la escuela, con aquellos que llevan una pesada carga por otras personas. Como se nos recuerda en los escritos de la sabiduría en las escrituras judías: "Todo tiene su tiempo. Hay un momento bajo el cielo para toda actividad" (Eclesiastés 3:1).

Hay también provisión en la práctica del Sabbath judío para romper con el llamado a descansar, particularmente cuando la vida de una persona está en peligro. Nosotros vemos en Jesús a alguien que claramente encarnó este principio de la primacía de la vida. Él nunca evitó hacer el bien durante el Sabbath cuando fue llamado a hacerlo, incluso aunque esto implicara trabajar. Historia tras historia en los evangelios nos cuentan de él sanando durante el Sabbath, en directa violación de la estricta aplicación de las enseñanzas judías. A veces él deliberadamente violó las enseñanzas sobre el Sabbath en presencia de los líderes religiosos, quienes enseguida lo criticaron, como una forma de demostrar el verdadero significado del Sabbath. Jesús entró a la sinagoga del pueblo durante el Sabbath y vio a un hombre con una mano atrofiada. Un grupo de fariseos, una secta particularmente legalista, se paró para ver lo que él haría. Jesús llamó al hombre con la mano atrofiada y le preguntó a quienes estaban alrededor: "¿Qué está permitido hacer en el día de reposo? ¿El bien, o el mal? ¿Salvar una vida, o quitar la vida?" Nadie se atrevió a decir nada. Jesús apenas pudo contener su ira por la dureza de corazón de los líderes religiosos. "Extiende tu mano", le dijo Jesús al hombre enfermo, y cuando este lo hizo, su mano fue restaurada (Marcos 3:1–6).

Oración y descanso

Jesús también tomó tiempo para descansar. Los evangelios describen cómo él se retiraba a lugares tranquilos, solo o con sus amigos más cercanos. Allí él oraba y restauraba su alma. Cuando interrumpían su descanso con alguna necesidad, él sacrificaba sus propias necesidades para servir a los otros. Cuando se acababa el trabajo, él regresaba a su práctica de descanso.

El Evangelio de Marcos nos cuenta de una vez que Jesús y los discípulos habían estado trabajando, enseñando y sanando alrededor del campo en Galilea. Había sido tan intenso y por tan largo tiempo que ni habían tenido el tiempo de comer. Yo he tenido momentos así y sospecho que todos los hemos tenido. Así también sucedió, según el texto, cuando Jesús supo del brutal asesinato de Juan el Bautista por manos del rey Herodes. Aunque en esta ocasión él estaba en duelo profundo.

"Vamos a un lugar desierto", así animó a sus discípulos "y descansemos por un tiempo." Ellos tomaron un bote y salieron hacia la otra orilla del lago. Pero una gran multitud vio a donde iban Jesús y sus discípulos. Ellos se apresuraron caminando a pie y de alguna manera llegaron a la otra orilla del lago antes que Jesús y sus discípulos. Cuando Jesús vio la desesperación de la multitud, él puso a un lado sus necesidades de descanso y se pasó el día enseñando y sanando. Sin queja, los discípulos trabajaron a su lado.

Al finalizar el día, cuando los discípulos estaban en el límite de su fuerza y energía, ellos querían que Jesús despidiera a la multitud para así ellos poder encontrar comida. En vez de hacerlo, Jesús les dijo que alimentaran a la multitud hambrienta. Ellos solo tenían unos pocos pescados y algo de pan para ofrecerles, pero Jesús les preguntó lo que tenían y de esa ofrenda que Jesús bendijo ante Dios, comieron y quedaron satisfechas las multitudes, e incluso quedó comida extra.

Como escribí en un capítulo anterior, yo vivo mi vida dentro del milagro de los panes y los peces, así como todos nosotros. Dios consistente y compasivamente nos da la fuerza para continuar cuando hemos sobrepasado nuestros límites, para que de esta forma podamos seguir adelante cuando estamos cansados, o estar presentes para aquellos en necesidad. Hay algo profundamente restaurador en esa experiencia, incluso incansable, de saber que

Dios puede lograr en nosotros, como escribe Pablo, más de lo que podemos imaginar. La historia, sin embargo, no termina ahí. Después que Jesús despidió a la multitud satisfecha, él se permitió a sí mismo, finalmente, sentir el cansancio. Entonces despidió también a sus discípulos diciéndoles que se fueran sin él, mientras se iba a la montaña solo para orar y restaurar su alma.

La persona con quien me encuentro para mi dirección espiritual, me ofreció un poco de sabiduría recientemente con relación a la tensión entre las necesidades presentes de los otros o del trabajo y las necesidades espirituales de descansar. Yo le contaba a él sobre el trabajo y que frecuentemente siento que debo hacer más en mi día de descanso semanal. El trabajo me parece importante, le dije, y no tengo problemas con hacerlo. En caso de emergencias u oportunidades inesperadas, parece que no hay una opción posible. Frecuentemente los proyectos requieren más tiempo de los que yo puedo darles durante mi semana de trabajo, y como muchos, yo siento la presión del trabajo durante un tiempo designado de descanso. Generalmente no me importa, pero soy consciente de que la oportunidad de descansar se evapora.

Mi director espiritual me sugirió que presentara la situación ante Dios en oración. Cuando me siento presionada por el trabajo y me llamo a poner mis propias necesidades a un lado por el bien de otras obligaciones, ¿puedo reconocer ante Dios tanto mi necesidad de descansar como mi sentido de que las prioridades de mi trabajo deben venir primero? Yo debo pedirle a Dios, dice mi director espiritual, no solo fuerzas, sino el don del descanso del Sabbath en medio de las demandas que se me presentan.

Después él me dio una advertencia: "Presta atención a los patrones en tu vida. Si la respuesta de escoger el trabajo primero que el descanso se hace habitual, estás arriesgando perder la perspectiva y responder como si cada llamada de trabajo fuese urgente y necesaria." A veces necesitamos escoger descansar, incluso cuando el llamado a seguir trabajando es urgente, ya que somos mortales.

Nuestras almas y cuerpos no pueden hacer tanto. Además, existe el riesgo de olvidar nuestro lugar. "Detente", dice Dios a través de las palabras del salmista, "reconozcan que yo soy Dios" (Salmo 46:10). La advertencia de mi director espiritual atrajo mi atención. Yo escojo frecuentemente el trabajo primero que el descanso sin pensar mucho en lo que estoy haciendo. Eso me hace susceptible de lo que algunos han llamado "la tiranía de lo urgente". Ese hábito, aunque fructífero algunas veces, tiene un gran costo para mí misma y para otros. Yo tomo peores decisiones cuando estoy cansada. Puedo perder la perspectiva y actuar impulsada por la adrenalina y la ansiedad más de lo necesario. Quienes están cerca de a mí frecuentemente prestan atención al precio de mi compromiso al trabajo. Yo pierdo muchas oportunidades de gozo.

¿Qué puede cambiar en mi vida y en la tuya si nos atrevemos a creer que, ante los ojos de Dios, nuestra necesidad de descanso, y por tanto, el regalo del descanso, es una prioridad para nuestro propio bien? ¿Cuán diferente viviéramos?

Una forma en la que estoy intentando vivir de forma diferente es aceptando oportunidades de descanso cuando se me presentan. Puede que estas no lleguen en un horario regular, pero cuando se presentan, intento aceptarlas sin ansiedad o culpa, poniendo a un lado lo que queda por hacer y disfrutando del regalo del descanso y la renovación.

También me he hecho más consciente de mi necesidad de dormir. Por años yo me sentía orgullosa de necesitar solamente cinco o seis horas de sueño cada noche. Con los años, sin embargo, reconozco que no funciono igual de bien sin al menos siete horas de sueño. En esos momentos luminosos en que me quedo dormida en la noche y al despertarme en la mañana, intento ahora saborear la transición, estar atenta a la presencia de Dios.

El Sabbath como esquema de pensamiento es algo que puedo llevar a mi trabajo, me recuerda mi director espiritual. "Piensa en el Sabbath como un descanso en la presencia de Dios", dice él.

"En una situación de trabajo, es maravilloso restaurarse y asumir una postura atenta de descanso mientras le pides a Dios por iluminación. De esa forma es posible salir del trabajo rejuvenecida."

La amplitud del tiempo

Una forma de pensar en el descanso es a través de los lentes del tiempo y cómo experimentamos el tiempo. Frecuentemente hablamos del tiempo como nuestro capataz, o como una mercancía que siempre está en falta. En tiempos de descanso, a veces hablamos de pasar el tiempo, incluso de perder el tiempo. El descanso y el verdadero Sabbath, en contraste, tienen que ven con la amplitud del tiempo, lo que el Rabí Heschel describe como la redención del tiempo: "Tiempo es el corazón de la existencia . . . hay un reino del tiempo en el que la meta no es tener, sino ser; no recibir, sino dar; no dominar, sino estar de acuerdo." "La meta más alta de la vida espiritual no es acumular riquezas de información, sino vivir momentos sagrados."[2]

El descanso nos lleva al tiempo amplio—no al tiempo desbordado de trabajo eterno, no a dejarnos vencer por el aburrimiento, no a morirnos de actividades sin sentido, sino a la plenitud del tiempo, cuando podemos estar totalmente presentes para nosotros mismos, para otras personas y para nuestro Creador.

Yo no puedo hablar todavía desde la experiencia semanal del Sabbath como la imagino—un día entero de descanso que yo espero tener un día como parte de mi práctica espiritual. Pero sí puedo hablar de pequeñas prácticas de descanso y restauración que me ayudan a redimir el tiempo y a restaurar mi alma deshecha.

Yo sé lo que algunos de esos momentos de descanso son para mí. Puede ser tan simple como prender una vela antes de la cena, respirar profundo y saborear el momento con amigos o con la familia

---

2. Heschel, 6.

reunida alrededor de la mesa. Otra forma es encontrar descanso en una caminata tranquila o montando bicicleta. Es saludable y restaurador para mí cada vez que me doy tiempo para ir a la deriva cuando no puedo dejar a un lado, aunque sea por un momento, mi necesidad de ser productiva.

Se ha dicho que hay más en la vida que incrementar la velocidad. Nosotros representamos más para Dios que lo que sentimos. Darnos cuenta que descansar es un deleite sin distracción para Dios, tiene el poder de cambiar nuestra perspectiva sobre el balance entre el trabajo y el descanso—aunque sea un poco. Quizás podemos confiar que a lo que nos anima a orar el Libro de Oración Común es cierto: que seremos salvos cambiando nuestro rumbo y descansando, en quietud y confianza estará nuestra fortaleza.

EPÍLOGO

EL POETA DAVID WHYTE cuenta la historia de un monje anciano irlandés que estaba parado solo en los límites de un monasterio. Cuando este escuchaba la campana de la iglesia sonar, llamándolo a la oración, él se dicia a sí mismo: "Este es el sonido más hermoso en el mundo." Pero entonces el monje escuchó a un mirlo cantar en el campo, y entonces dijo: "Este es también el sonido más hermoso en el mundo."[1] Lo que tienen en común ambas experiencias es el llamado en sí mismo, el cual es a la vez una invitación y un mandato. En un poema titulado "La Campana y el Mirlo" ("The Bell and the Blackbird"), Whyte describe una vida en la que estos dos llamados están en una conversación constante. Él nos recuerda: "De cualquier forma hay que armarse de valor."[2]

En el corazón mismo del Camino del Amor está el llamado de Jesús hacia nosotros, la invitación a ir más profundo en nosotros mismos para experimentar su amor constante e incondicional y salir al mundo, donde podemos tanto ofrecer como experimentar ese mismo amor en relación con los otros. Así como nuestra experiencia con el tiempo y con la vida misma, el camino de Jesús es tanto un peregrinar como una invitación a estar calmados en la presencia de Dios.

---

1. *https://onbeing.org/programs/poetry-from-the-on-being-gathering-david-whyte. opening-night-set2018/.*

2. David Whyte, "The Bell and the Blackbird", en *The Bell and the Blackbird* (Langley, WA: Many Rivers Press, 2018), 23.

Yo oro porque estas reflexiones sean un estímulo para ti mientras escuchas los formas únicas y maravillosas en que Jesús te puede estar llamando, primero para saber cuán preciado eres para Dios y cuándo Jesús disfruta pasando tiempo en tu compañía. Y también oro para que escuches su llamado a considerar cómo en tu maravillosa y talentosa vida, puedes unirte en su amor a otros y por el mundo.

Este es un momento de mucha creatividad espiritual en la Iglesia Episcopal y hay un grupo creciente de recursos disponibles para ayudarnos a todos a responder al llamado de Jesús. El sitio web de la Iglesia Episcopal *https://www.episcopalchurch.org/way-of-love* sirve como repositorio de esos recursos y también nos recuerda que el Camino del Amor es más que un programa o un currículo. Es una forma de vida.

Somos bendecidos mientras caminamos este camino juntos.

APÉNDICE

Leccionario del Camino del Amor

La Diócesis Episcopal de Washington desarrolló un leccionario para introducir el Camino del Amor y las siete prácticas para una vida centrada en Jesús.[1] Aquí se compilaron una introducción y ocho propios para que las congregaciones de la diócesis comiencen a explorar el Camino del Amor.

Introducción

TEN UNA REGLA DE FE

COLECTA DE APERTURA

Misericordioso Dios, en ti vivimos, nos movemos y somos. Te pedimos humildemente que nos guíes y dirijas a través de tu Santo Espíritu, para que en todas las preocupaciones y tareas de nuestra vida nunca te olvidemos, mas recordemos que siempre estamos caminando bajo tu mirada, por Jesucristo nuestro Señor. *Amén.*

---

1. Preparado por la Muy Rev. Mariann Budde, Obispa de Washington; la Rev. Dra. Patricia Lyons, Misionera para Evangelismo y Compromiso Comunitario; el Rev. Richard Weinberg, Asesor de Comunicaciones Estratégicas y el Rev. Daryl Paul Lobban, Misionero de Comunicaciones (Diócesis Episcopal de Washington). Usado con permiso.

ESCRITURAS

Isaías 55:1–3, 6–11

Todos ustedes, los que tienen sed: Vengan a las aguas; y ustedes, los que no tienen dinero, vengan y compren, y coman. Vengan y compren vino y leche, sin que tengan que pagar con dinero. ¿Por qué gastan su dinero en lo que no alimenta, y su sueldo en lo que no les sacia? Escúchenme bien, y coman lo que es bueno; deléitense con la mejor comida. Inclinen su oído, y vengan a mí; escuchen y vivirán. Yo haré con ustedes un pacto eterno, que es el de mi invariable misericordia por David.

Busquen al Señor mientras pueda ser hallado; llámenlo mientras se encuentre cerca. ¡Que dejen los impíos su camino, y los malvados sus malos pensamientos! ¡Que se vuelvan al Señor, nuestro Dios, y él tendrá misericordia de ellos, pues él sabe perdonar con generosidad. El Señor ha dicho: "Mis pensamientos no son los pensamientos de ustedes, ni son sus caminos mis caminos. Así como los cielos son más altos que la tierra, también mis caminos y mis pensamientos son más altos que los caminos y pensamientos de ustedes. "Así como la lluvia y la nieve caen de los cielos, y no vuelven allá, sino que riegan la tierra y la hacen germinar y producir, con lo que dan semilla para el que siembra y pan para el que come, así también mi palabra, cuando sale de mi boca, no vuelve a mí vacía, sino que hace todo lo que yo quiero, y tiene éxito en todo aquello para lo cual la envié.

Salmo 19:7–14

La ley del Señor es perfecta:
    reanima el alma.
El testimonio del Señor es firme:
    da sabiduría al ingenuo.
Los preceptos del Señor son rectos:
    alegran el corazón.
El mandamiento del Señor es puro:
    da luz a los ojos.
El temor del Señor es bueno:
    permanece para siempre.

Los decretos del Señor son verdaderos,
  y todos ellos justos.
Son más deseables
  que el oro refinado
y más dulces que la miel
  que destila del panal.
Con ellos, Señor, amonestas a tu siervo,
  y recompensas grandemente a quien los cumple.
¿Acaso hay quien reconozca sus propios errores?
  ¡Perdóname por los que no puedo recordar!
¡No permitas que la soberbia
  domine a este siervo tuyo!
¡Líbrame de cometer grandes pecados,
  y nadie podrá entonces culparme de nada!
Tú, Señor, eres mi roca y mi redentor;
  ¡agrádate de mis palabras y de mis pensamientos!

Romanos 12:1–2

Así que, hermanos, yo les ruego, por las misericordias de Dios, que se presenten ustedes mismos como un sacrificio vivo, santo y agradable a Dios. ¡Así es como se debe adorar a Dios! Y no adopten las costumbres de este mundo, sino transfórmense por medio de la renovación de su mente, para que comprueben cuál es la voluntad de Dios, lo que es bueno, agradable y perfecto.

Juan 15:1–11

"Yo soy la vid verdadera, y mi Padre es el labrador. Todo pámpano que en mí no lleva fruto, lo quitará; y todo aquel que lleva fruto, lo limpiará, para que lleve más fruto. Ustedes ya están limpios, por la palabra que les he hablado. Permanezcan en mí, y yo en ustedes. Así como el pámpano no puede llevar fruto por sí mismo, si no permanece en la vid, así tampoco ustedes, si no permanecen en mí. Yo soy la vid y ustedes los pámpanos; el que permanece en mí, y yo en él, éste lleva mucho fruto; porque separados de mí ustedes nada pueden hacer. El que no permanece en mí, será desechado como pámpano, y se secará; a éstos se les recoge y se les arroja al fuego, y allí arden. Si permanecen en mí, y mis palabras permanecen en ustedes, pidan todo lo que quieran, y se les concederá. En esto es glorificado mi Padre: en que lleven mucho fruto, y sean así mis discípulos. Así como el Padre me ha amado, así también yo los he amado a ustedes; permanezcan en mi amor. Si obedecen mis mandamientos, permanecerán en mi amor; así como yo he obedecido los mandamientos de mi Padre, y permanezco en su amor. Estas cosas les he hablado, para que mi gozo esté en ustedes, y su gozo sea completo."

Cambiar
DECIDE SEGUIR A JESÚS

COLECTA DE APERTURA
Oh Dios, cuya gloria es siempre tener misericordia: Sé benigno a todos los que se han descarriado de tus caminos, y tráelos de nuevo con corazones penitentes y fe firme, para recibir y abrazar la verdad inmutable de tu Verbo, Jesucristo tu Hijo, que vive y reina contigo y el Espíritu Santo, un solo Dios, por los siglos de los siglos. *Amén.* (Segundo Domingo de Cuaresma)[2]

ESCRITURAS
Éxodo 3:1–6
Moisés cuidaba las ovejas de Jetro, su suegro, que era sacerdote de Madián, y un día llevó las ovejas a través del desierto y llegó hasta Horeb, el monte de Dios. Allí, el ángel del Señor se le apareció en medio de una zarza envuelta en fuego. Moisés miró, y vio que la zarza ardía en el fuego, pero no se consumía. Entonces dijo: "Voy a ir y ver esta grande visión, por qué es que la zarza no se quema." El Señor vio que Moisés iba a ver la zarza, así que desde la zarza lo llamó y le dijo: "¡Moisés, Moisés!" Y él respondió: "Aquí estoy." El Señor le dijo: "No te acerques. Quítate el calzado de tus pies, porque el lugar donde ahora estás es tierra santa." Y también dijo: "Yo soy el Dios de tu padre. Soy

---

2. Libro de Oración Común, 133.

el Dios de Abrahán, el Dios de Isaac y el Dios de Jacob." Entonces Moisés cubrió su rostro, porque tuvo miedo de mirar a Dios.

Salmo 119:169–176

Señor, ¡escucha mi clamor!
    ¡Dame entendimiento, conforme a tu palabra!
¡Que llegue mi oración a tu presencia!
    ¡Líbrame, como lo has prometido!
De mis labios se desbordará la alabanza
    cuando me hayas enseñado tus estatutos.
Con mis labios proclamaré tu palabra,
    porque todos tus mandamientos son justos.
Extiende tu mano para socorrerme,
    porque he elegido obedecer tus mandamientos.
Señor, yo espero que me salves,
    porque me deleito en tu ley.
Concédeme vida para alabarte,
    y sostenme con tus juicios.
Ando sin rumbo, como oveja perdida;
    ¡ven en busca de este siervo tuyo
    que no ha olvidado tus mandamientos!

2 Corintios 4:5–7

Nosotros no nos predicamos a nosotros mismos, sino que proclamamos a Jesucristo como Señor, y nos declaramos siervos de ustedes por amor a Jesús. Porque Dios, que mandó que de las tinieblas surgiera la luz, es quien brilló en nuestros corazones para que se revelara el conocimiento de la gloria de Dios en el rostro de Jesucristo.

Lucas 5:1–11

En cierta ocasión, Jesús estaba junto al lago de Genesaret y el gentío se agolpaba sobre él para oír la palabra de Dios. Jesús vio que cerca de la orilla del lago estaban dos barcas, y que los pescadores habían bajado de ellas para lavar sus redes. Jesús entró en una de aquellas barcas, la cual era de Simón, y le pidió que la apartara un poco de la orilla; luego se sentó en la barca, y desde allí enseñaba a la multitud. Cuando terminó de hablar, le dijo a Simón: "Lleva la barca hacia la parte honda del lago, y echen allí sus redes para pescar." Simón le dijo: "Maestro, toda la noche hemos estado trabajando, y no hemos pescado nada; pero ya que tú me lo pides, echaré la red." Así lo hicieron, y fue tal la cantidad de peces que atraparon, que la red se rompía. Entonces hicieron señas a los compañeros que estaban en la otra barca, para que vinieran a ayudarlos. Cuando aquellos llegaron, llenaron ambas barcas de tal manera, que poco faltaba para que se hundieran. Cuando Simón Pedro vio esto, cayó de rodillas ante Jesús y le dijo: "Señor, ¡apártate de mí, porque soy un pecador!" Y es que tanto él como todos sus compañeros estaban pasmados por la pesca que habían hecho. También estaban sorprendidos Jacobo y Juan, los hijos de Zebedeo, que eran compañeros de Simón.

Pero Jesús le dijo a Simón: "No temas, que desde ahora serás pescador de hombres." Llevaron entonces las barcas a tierra, y lo dejaron todo para seguir a Jesús.

Aprender

REFLEXIONA EN LAS ESCRITURAS CADA DÍA, ESPECIALMENTE EN LA VIDA Y LAS ENSEÑANZAS DE JESÚS

COLECTA DE APERTURA

Concede, oh Señor, que no nos aferremos a las cosas terrenales sino que amemos las celestiales, y aun ahora que estamos inmersos en cosas transitorias, haz que anhelemos lo que permanece para siempre, por Jesucristo nuestro Señor, que vive y reina contigo y el Espíritu Santo, un solo Dios, por los siglos de los siglos. *Amén*. (Propio 20)[3]

ESCRITURAS

Miqueas 4:1–5

En los últimos días el monte de la casa del Señor será confirmado como cabeza de los montes y exaltado por encima de las colinas, y a

---

3. Libro de Oración Común, 150.

él acudirán los pueblos. Muchas naciones vendrán, y dirán: "¡Vengan, subamos al monte del Señor, a la casa del Dios de Jacob! Él nos guiará por sus caminos, y nosotros iremos por sus sendas." Porque la enseñanza saldrá de Sión; de Jerusalén saldrá la palabra del Señor. Y el Señor juzgará entre muchos pueblos, y corregirá a naciones poderosas y lejanas; y éstas convertirán sus espadas en azadones y sus lanzas en hoces. Ninguna nación volverá a levantar la espada contra otra nación, ni se entrenarán más para hacer la guerra. Cada uno se sentará bajo su vid y a la sombra de su higuera, y no habrá nadie que pueda amedrentarlos. Esto lo ha declarado la boca del Señor de los ejércitos. Podrán todos los pueblos andar en el nombre de su dios, pero nosotros ahora y siempre andaremos en el nombre del Señor nuestro Dios.

Salmo 90:1–12

Señor, tú has sido nuestro refugio
  de una generación a otra generación.
Antes de que nacieran los montes
  y de que formaras la tierra y el mundo;
desde los tiempos primeros
  y hasta los tiempos postreros,
  ¡tú eres Dios!
Nos devuelves al polvo cuando dices:
  "¡De vuelta al polvo, seres mortales!"
Para ti, mil años son, en realidad,
  como el día de ayer, que ya pasó;
  ¡son como una de las vigilias de la noche!
¡Nos arrebatas como una violenta corriente!
  ¡Somos etéreos como un sueño!
  ¡Somos como la hierba que crece en la mañana!
Por la mañana crecemos y florecemos,
  y por la tarde se nos corta, y nos secamos.
Con tu furor somos consumidos;
  con tu ira quedamos desconcertados.
Tienes ante ti nuestras maldades;
  ¡pones al descubierto nuestros pecados!

Nuestra vida declina por causa de tu ira;
nuestros años se esfuman como un suspiro.
Setenta años son los días de nuestra vida;
ochenta años llegan a vivir los más robustos.
Pero esa fuerza no es más que trabajos y molestias,
pues los años pronto pasan, lo mismo que nosotros.
¿Quién conoce la fuerza de tu ira,
y hasta qué punto tu enojo debe ser temido?
¡Enséñanos a contar bien nuestros días,
para que en el corazón acumulemos sabiduría!

Hebreos 4:12–16

La palabra de Dios es viva y eficaz, y más cortante que las espadas de dos filos, pues penetra hasta partir el alma y el espíritu, las coyunturas y los tuétanos, y discierne los pensamientos y las intenciones del corazón. Nada de lo que Dios creó puede esconderse de él, sino que todas las cosas quedan al desnudo y descubiertas a los ojos de aquel a quien tenemos que rendir cuentas. Por lo tanto, y ya que en Jesús, el Hijo de Dios, tenemos un gran sumo sacerdote que traspasó los cielos, retengamos nuestra profesión de fe. Porque no tenemos un sumo sacerdote que no pueda compadecerse de nuestras debilidades, sino uno que fue tentado en todo de la misma manera que nosotros, aunque sin pecado. Por tanto, acerquémonos confiadamente al trono de la gracia, para alcanzar misericordia y hallar gracia para cuando necesitemos ayuda.

Mateo 13:44–53

"Además, el reino de los cielos es semejante a un tesoro escondido en un campo. Cuando alguien encuentra el tesoro, lo esconde de nuevo y, muy feliz, va y vende todo lo que tiene, y compra ese campo. También el reino de los cielos es semejante a un comerciante que busca buenas perlas, y que cuando encuentra una perla preciosa, va y vende todo lo que tiene, y compra la perla. Asimismo, el reino de los cielos es semejante a una red que, lanzada al agua, recoge toda clase de peces. Una vez que se llena, la sacan a la orilla, y los pescadores se sientan a echar el buen pescado en cestas, y desechan el pescado malo. Así será al fin del mundo: los ángeles saldrán y apartarán de los hombres justos a la gente malvada, y a esta gente la echarán en el horno de fuego. Allí habrá llanto y rechinar de dientes." Jesús les preguntó: "¿Han comprendido todo esto?" Ellos respondieron: "Sí, Señor." Él les dijo: "Por eso todo escriba que ha sido instruido en el reino de los cielos es semejante al dueño de una casa, que de su tesoro saca cosas nuevas y cosas viejas." Cuando Jesús terminó de exponer estas parábolas, se fue de allí.

Orar

MORA INTENCIONALMENTE CON DIOS DIARIAMENTE

COLECTA DE APERTURA

Omnipotente y sempiterno Dios, tú eres siempre más presto a escuchar que nosotros a orar, y a ofrecer más de lo que deseamos o merecemos: Derrama sobre nosotros la abundancia de tu misericordia, perdonándonos todo aquello que perturba nuestra conciencia, y otorgándonos aquellos que no somos dignos de pedirte, sino por los méritos y mediación de Jesucristo nuestro Señor, que vive y reina contigo y el Espíritu Santo, un solo Dios, por los siglos de los siglos. *Amén.* (Propio 22)[4]

ESCRITURAS

1 Samuel 3:1–10

El joven Samuel servía al Señor bajo la supervisión de Elí. En aquellos días el Señor no se comunicaba ni en visiones, pues éstas no eran frecuentes. Un día, mientras Elí reposaba en su aposento, pues tenía la vista cansada y casi no veía, y Samuel dormía en el santuario donde estaba el arca de Dios y la lámpara de Dios aún no se apagaba, el Señor llamó a Samuel, y él respondió: "Aquí estoy, Señor." Así que fue corriendo a donde estaba Elí, y le dijo: "Aquí estoy. ¿Para qué me llamaste?" Pero Elí le respondió: "Yo no te he llamado. Vuelve a acostarte." Y Samuel volvió y se acostó. Pero el Señor volvió a llamar a

---

4. bid, 150.

Samuel, así que el joven se levantó, fue a ver a Elí y le dijo: "Aquí estoy. ¿Para qué me has llamado?" Y Elí volvió a decirle: "Yo no te he llamado, hijo mío. Regresa y acuéstate." En aquel tiempo, Samuel aún no conocía al Señor, ni se le había revelado su palabra. Y el Señor llamó por tercera vez a Samuel, y él se levantó y fue a ver a Elí, y le dijo: "Aquí estoy. ¿Para qué me has llamado?" Con esto, Elí entendió que el Señor había llamado al joven, así que le dijo a Samuel: "Ve y acuéstate. Y si vuelves a escuchar que te llaman, dirás: "Habla, Señor, que tu siervo escucha." Y Samuel fue y se acostó. Entonces el Señor se detuvo junto a él, y lo llamó como las otras veces: "¡Samuel, Samuel!" Y Samuel respondió: "Habla, Señor, que tu siervo escucha."

Salmo 25:1–10

A ti, Señor, elevo mi alma.
Eres mi Dios, y en ti confío;
  ¡no permitas que mis enemigos
  me avergüencen y se burlen de mí!
No permitas que sean avergonzados
  los que en ti ponen su esperanza;
más bien, que sean puestos en vergüenza
  los que sin razón se rebelan contra ti.
Señor, dame a conocer tus caminos;
  ¡Enséñame a seguir tus sendas!
Todo el día espero en ti;
  ¡enséñame a caminar en tu verdad,
  pues tú eres mi Dios y salvador!
Recuerda, Señor, que en todo tiempo
  me has mostrado tu amor y tu misericordia.
Tú, Señor, eres todo bondad.
  Por tu misericordia, acuérdate de mí;
  pero olvídate de que en mi juventud
  pequé y fui rebelde contra ti.
El Señor es bueno y recto;
  por eso enseña a los pecadores el camino.
El Señor muestra su camino a los humildes,
  y los encamina en la justicia.

Misericordia y verdad son los caminos del Señor
para quienes cumplen fielmente su pacto.

2 Corintios 12:7–10

Y para que no me exaltara demasiado por la grandeza de las revelaciones, se me clavó un aguijón en el cuerpo, un mensajero de Satanás, para que me abofetee y no deje que yo me enaltezca. Tres veces le he rogado al Señor que me lo quite, pero él me ha dicho: "Con mi gracia tienes más que suficiente, porque mi poder se perfecciona en la debilidad." Por eso, con mucho gusto habré de jactarme en mis debilidades, para que el poder de Cristo repose en mí. Por eso, por amor a Cristo me gozo en las debilidades, en las afrentas, en las necesidades, en las persecuciones y en las angustias; porque mi debilidad es mi fuerza.

Lucas 11:1–13

En cierta ocasión, Jesús estaba orando en un lugar y, cuando terminó, uno de sus discípulos le dijo: "Señor, enséñanos a orar, así como Juan enseñó a sus discípulos." Jesús les dijo: "Cuando ustedes oren, digan: "Padre, santificado sea tu nombre. Venga tu reino. El pan nuestro de cada día, dánoslo hoy. Perdónanos nuestros pecados, porque también nosotros perdonamos a todos los que nos deben. Y no nos metas en tentación." También les dijo: "¿Quién de ustedes, que tenga un amigo, va a verlo a medianoche y le dice: "Amigo, préstame tres panes, porque un amigo mío ha venido a visitarme, y no tengo nada que ofrecerle"? Aquél responderá desde adentro y le dirá: "No me molestes. La puerta ya está cerrada, y mis niños están en la cama conmigo. No puedo levantarme para dártelos" Yo les digo que, aunque no se levante a dárselos por ser su amigo, sí se levantará por su insistencia, y le dará todo lo que necesite. Así que pidan, y se les dará. Busquen, y encontrarán. Llamen, y se les abrirá. Porque todo aquel que pide, recibe; y el que busca, encuentra; y al que llama, se le abre. ¿Quién de ustedes, si su hijo le pide pan, le da una piedra? ¿O si le pide un pescado, en lugar del pescado le da una serpiente? ¿O si le pide un huevo, le da un escorpión? Pues si ustedes, que son malos, saben dar cosas buenas a sus hijos, ¡cuánto más el Padre celestial dará el Espíritu Santo a quienes se lo pidan!"

Adorar

REÚNETE EN COMUNIDAD SEMANALMENTE

COLECTA DE APERTURA

Oh Dios, cuyo bendito Hijo se dio a conocer a sus discípulos en la fracción del pan: Abre los ojos de nuestra fe, para que podamos contemplarle en toda su obra redentora; quien vive y reina contigo, en la unidad del Espíritu Santo, un solo Dios, ahora y por siempre. *Amén.* (Tercer Domingo de Pascua)[5]

ESCRITURAS

Isaías 56:1–7

El Señor ha dicho: "Practiquen la justicia y ejecuten el derecho. Ya se acerca mi salvación; mi justicia pronto va a manifestarse. ¡Dichosos los que observan fielmente el día de reposo y se mantienen firmes en su práctica de no profanarlo! ¡Dichosos los que frenan su mano para no cometer ninguna maldad. Que no diga el extranjero que me sigue: "El Señor me apartará totalmente de su pueblo"; ni diga tampoco el eunuco: "¡Miren! ¡Sólo soy un árbol seco!" Porque yo, el Señor, digo a los eunucos que observen mis días de reposo, y opten por hacer lo que yo quiero, y se aferren a mi pacto: En mi casa, y dentro de los muros de mi ciudad, los haré más famosos que si hubieran tenido hijos e hijas; les daré un nombre perpetuo, que jamás será olvidado. A los hijos de los extranjeros que me sigan y me sirvan, y que amen mi nombre y sean mis siervos; y a todos los que observen el día de reposo y no lo profanen, y se aferren a mi pacto, yo los llevaré a mi santo monte, para que se alegren en mi casa de oración. Sus holocaustos y sus sacrificios serán bien recibidos sobre mi altar, porque mi casa será llamada casa de oración para todos los pueblos."

---

5. Ibid, 140.

Salmo 96:1–9

¡Canten al Señor un cántico nuevo!
¡Canten al Señor todos en la tierra!
¡Canten al Señor! ¡Bendigan su nombre!
¡Anuncien su salvación todos los días!
¡Proclamen su gloria entre las naciones,
  y sus maravillas entre todos los pueblos!
El Señor es grande, y digno de alabanza;
  ¡es temible, más que todos los dioses!
Todos los dioses de los pueblos son ídolos,
  pero el Señor es quien creó los cielos.
En su presencia hay alabanza y magnificencia;
  en su santuario hay poder y gloria.
Ustedes, familias de los pueblos,
  ¡tributen al Señor la gloria y el poder!
¡Tributen al Señor la honra que merece su nombre!
  ¡Traigan sus ofrendas, y vengan a sus atrios!
¡Adoren al Señor en la hermosura de la santidad!
  ¡Tiemblen ante él todos en la tierra!

1 Corintios 11:23–26

Yo recibí del Señor lo mismo que les he enseñado a ustedes: Que la noche que fue entregado, el Señor Jesús tomó pan, y que luego de dar gracias, lo partió y dijo: "Tomen y coman. Esto es mi cuerpo, que por ustedes es partido; hagan esto en mi memoria." Asimismo, después de cenar tomó la copa y dijo: "Esta copa es el nuevo pacto en mi sangre; hagan esto, cada vez que la beban, en mi memoria." Por lo tanto, siempre que coman este pan, y beban esta copa, proclaman la muerte del Señor, hasta que él venga.

Lucas 24:28–35

Cuando llegaron a la aldea adonde iban, Jesús hizo como que iba a seguir adelante, pero ellos lo obligaron a quedarse. Le dijeron: "Quédate con nosotros, porque ya es tarde, y es casi de noche." Y Jesús entró y se quedó con ellos. Mientras estaba sentado a la mesa con ellos, tomó el pan y lo bendijo; luego lo partió y les dio a ellos. En ese momento se les abrieron los ojos, y lo reconocieron; pero él desapareció de su vista. Y se decían el uno al otro: "¿Acaso no ardía nuestro corazón mientras nos hablaba en el camino y nos explicaba las Escrituras?" En ese mismo instante se levantaron y volvieron a Jerusalén. Allí encontraron reunidos a los once y a los que estaban con ellos, los cuales decían: "¡En verdad el Señor ha resucitado, y se le ha aparecido a Simón!" Los dos, por su parte, les contaron lo que les había sucedido en el camino, y cómo lo habían reconocido al partir el pan.

Bendecir

BENDICE EL ESPACIO ENTRE NOSOTROS
PARA SER PERSONAS DE BENDICIÓN

COLECTA DE APERTURA

Oh Dios, de quien procede todo lo bueno: Concede por tu inspiración, que pensemos lo justo y, guiados por ti, podamos hacerlo; por Jesucristo nuestro Señor, que vive y reina contigo y el Espíritu Santo, un solo Dios, por los siglos de los siglos. *Amén*. (Proper 5)[6]

ESCRITURAS

Génesis 32:22–30

Pero esa misma noche se levantó, tomó a sus dos mujeres, sus dos siervas y sus once hijos, y cruzó el vado de Jaboc. Los tomó, y los hizo cruzar el arroyo, con todas sus posesiones. De modo que Jacob se quedó solo, y un hombre luchó con él hasta la salida del sol. Pero cuando ese hombre vio que no podía vencerlo, lo golpeó en la coyuntura de su muslo, y en la lucha el muslo de Jacob se descoyuntó. El hombre dijo: "Déjame ir, porque ya está saliendo el sol." Pero Jacob le respondió: "No te dejaré ir, si no me bendices." Aquel hombre le dijo: "¿Cuál es tu nombre?" Y él respondió: "Jacob". Y el hombre

---

6. Ibid., 145.

dijo: "Tu nombre ya no será Jacob, sino Israel; porque has luchado con Dios y con los hombres, y has vencido." Entonces Jacob le preguntó: "Ahora hazme saber tu nombre." Y aquel hombre respondió: "¿Para qué quieres saber mi nombre?" Y lo bendijo allí. A ese lugar Jacob le puso por nombre "Peniel", porque dijo: "He visto a Dios cara a cara, y sigo con vida."

Salmo 23

El Señor es mi pastor; nada me falta.
En campos de verdes pastos me hace descansar;
me lleva a arroyos de aguas tranquilas.
Me infunde nuevas fuerzas
y me guía por el camino correcto,
para hacer honor a su nombre.
Aunque deba yo pasar por el valle más sombrío,
no temo sufrir daño alguno, porque tú estás conmigo;
con tu vara de pastor me infundes nuevo aliento.
Me preparas un banquete
a la vista de mis adversarios;
derramas perfume sobre mi cabeza
y me colmas de bendiciones.
Sé que tu bondad y tu misericordia
me acompañarán todos los días de mi vida,
y que en tu casa, oh Señor,
viviré por largos días.

Romanos 12:9–21

Nuestro amor debe ser sincero. Aborrezcamos lo malo y sigamos lo bueno. Amémonos unos a otros con amor fraternal; respetemos y mostremos deferencia hacia los demás. Si algo demanda diligencia, no seamos perezosos; sirvamos al Señor con espíritu ferviente. Gocémonos en la esperanza, soportemos el sufrimiento, seamos constantes en la oración. Ayudemos a los hermanos necesitados. Practiquemos la hospitalidad. Bendigamos a los que nos persiguen; bendigamos y no maldigamos. Gocémonos con los que se gozan y lloremos con los que lloran. Vivamos como si fuéramos uno solo. No seamos altivos, sino juntémonos con los humildes. No debemos creernos más sabios que los demás. No paguemos a nadie mal por mal. Procuremos hacer lo bueno a los ojos de todo el mundo. Si es posible, y en cuanto dependa de nosotros, vivamos en paz con todos. No busquemos vengarnos, amados míos. Mejor dejemos que actúe la ira de Dios, porque está escrito: "Mía es la venganza, yo pagaré, dice el Señor." Por lo tanto, si nuestro enemigo tiene hambre, démosle de comer; si tiene sed, démosle de beber. Si así lo hacemos, haremos que éste se avergüence de su conducta. No permitamos que nos venza el mal. Es mejor vencer al mal con el bien.

Mateo 25:31–40

"Cuando el Hijo del Hombre venga en su gloria, y todos los santos ángeles con él, se sentará en su trono de gloria, y todas las naciones serán reunidas ante él. Entonces él apartará a los unos de los otros, como aparta el pastor a las ovejas de los cabritos. Pondrá las ovejas a su derecha, y los cabritos a su izquierda, y entonces el Rey dirá a los de su derecha: "Vengan, benditos de mi Padre, y hereden el reino preparado para ustedes desde la fundación del mundo. Porque tuve hambre, y ustedes me dieron de comer; tuve sed, y me dieron de beber; fui forastero, y me recibieron; estuve desnudo, y me cubrieron; estuve enfermo, y me visitaron; estuve en la cárcel, y vinieron a visitarme." Entonces los justos le preguntarán: "Señor, ¿cuándo te vimos con hambre, y te dimos de comer; o con sed, y te dimos de beber? ¿Y cuándo te vimos forastero, y te recibimos; o desnudo, y te cubrimos? ¿Cuándo te vimos enfermo, o en la cárcel, y te visitamos?" Y el Rey les responderá: "De cierto les digo que todo lo que hicieron por uno de mis hermanos más pequeños, por mí lo hicieron."

Ir

CRUZA FRONTERAS, ESCUCHA PROFUNDAMENTE
Y VIVE COMO JESÚS

COLECTA DE APERTURA

Señor, haznos instrumentos de tu paz. Donde haya odio, sembremos amor; donde haya ofensa, perdón; donde haya discordia, unión; donde haya duda, fe; donde haya desesperación, esperanza; donde haya tinieblas, luz; donde haya tristeza, gozo. Concede que no busquemos ser consolados, sino consolar; ser comprendidos, sino comprender; ser amados, sino amar. Porque dando, es como recibimos; perdonando, es como somos perdonados; y muriendo, es como nacemos a la vida eterna. *Amén.* (Oración atribuida a San Francisco)[7]

ESCRITURAS

Jonás 3:1–10

La palabra del Señor vino a Jonás por segunda vez, y le dijo: "Levántate y ve a la gran ciudad de Nínive, y proclama allí el mensaje que yo te daré." Jonás se levantó y, conforme a la palabra del Señor, fue a Nínive. Y era Nínive una ciudad grande en extremo, de tres días de camino. Jonás comenzó a recorrer la ciudad, camino de un día, y en su predicación decía: "¡Dentro de cuarenta días Nínive será destruida!" Todos los habitantes de Nínive creyeron a Dios y decretaron ayuno, y desde el mayor hasta el menor se vistieron de cilicio.

Cuando la noticia llegó hasta el rey de Nínive, éste se levantó de su trono, se despojó de sus vestidos, se cubrió de cilicio y se sentó sobre ceniza; luego ordenó que, por mandato suyo y de sus altos personajes, se proclamara en Nínive este decreto: "Ningún hombre ni animal, ni tampoco ningún buey ni oveja, debe probar bocado ni alimento alguno, ni beber agua. Al contrario, hombres y animales por igual deberán cubrirse de cilicio y clamar a Dios con todas sus fuerzas. Apártese cada uno de su mal camino y de la violencia que hay en sus

---

7. Ibid., 724.

manos. ¿Quién sabe? Tal vez Dios se arrepienta y el ardor de su ira se calme, ¡y entonces no pereceremos!" Y al ver Dios lo que hicieron, y que se habían apartado de su mal camino, también él se arrepintió de hacerles el daño que les había anunciado, y desistió de hacerlo.

Salmo 41:1–4

¡Dichoso aquél que piensa en los pobres!
En los días malos el Señor lo ayudará.
El Señor lo cuidará y le dará vida,
    lo hará vivir feliz en la tierra,
y no lo dejará caer en manos de sus enemigos.
Cuando esté enfermo, el Señor lo sustentará;
    suavizará sus males mientras recobra la salud.
Yo le pido al Señor que me tenga compasión,
    que me sane, pues he pecado contra él.

1 Juan 3:11, 18–24

Éste es el mensaje que ustedes han oído desde el principio: Que nos amemos unos a otros. Hijitos míos, no amemos de palabra ni de lengua, sino de hecho y en verdad. Y en esto sabemos que somos de la verdad, y aseguraremos nuestro corazón delante de él, pues si nuestro corazón nos reprende, Dios es mayor que nuestro corazón, y él sabe todas las cosas. Amados, si nuestro corazón no nos reprende, confianza tenemos en Dios, y recibiremos de él todo lo que le pidamos, porque obedecemos sus mandamientos, y hacemos las cosas que le son agradables. Éste es su mandamiento: Que creamos en el nombre de su Hijo Jesucristo, y nos amemos unos a otros como Dios nos lo ha mandado. El que obedece sus mandamientos, permanece en Dios, y Dios en él. En esto sabemos que él permanece en nosotros: por el Espíritu que él nos ha dado.

Lucas 10:25–37

En ese momento, un intérprete de la ley se levantó y, para poner a prueba a Jesús, dijo: "Maestro, ¿qué debo hacer para heredar la vida eterna?" Jesús le dijo: "¿Qué es lo que está escrito en la ley? ¿Qué lees allí?" El intérprete de la ley respondió: "Amarás al Señor tu Dios con todo tu corazón, con toda tu alma, con todas tus fuerzas y con toda tu mente, y a tu prójimo como a ti mismo." Jesús le dijo: "Has contestado correctamente. Haz esto, y vivirás." Pero aquél, queriendo justificarse a sí mismo, le preguntó a Jesús: "¿Y quién es mi prójimo?" Jesús le respondió: "Un hombre descendía de Jerusalén a Jericó, y cayó en manos de unos ladrones, que le robaron todo lo que tenía y lo hirieron, dejándolo casi muerto. Por el camino descendía un sacerdote, y aunque lo vio, siguió de largo. Cerca de aquel lugar pasó también un levita, y aunque lo vio, siguió de largo. Pero un samaritano, que iba de camino, se acercó al hombre y, al verlo, se compadeció de él y le curó las heridas con aceite y vino, y se las vendó; luego lo puso sobre su cabalgadura y lo llevó a una posada, y cuidó de él. Al otro día, antes de partir, sacó dos monedas, se las dio al dueño de la posada, y le dijo: "Cuídalo. Cuando yo regrese, te pagaré todo lo que hayas gastado de más." De estos tres, ¿cuál crees que fue el prójimo del que cayó en manos de los ladrones?" Aquél respondió: "El que tuvo compasión de él." Entonces Jesús le dijo: "Pues ve y haz tú lo mismo."

Descansar

RECIBE LOS DONES DE LA GRACIA, LA PAZ Y LA RESTAURACIÒN DE DIOS

COLECTA DE APERTURA

Oh Dios de paz, quien nos has enseñado que regresando y descansado seremos salvos, permite que nuestra fortaleza esté en la quietud y la confianza. Te pedimos, sostennos en tu presencia por el poder de tu Espíritu para que estemos en paz y en conocimiento de que eres Dios, a través de Jesucristo, nuestro Señor. *Amén.*

ESCRITURAS

Éxodo 20:8–11

"Te acordarás del día de reposo, y lo santificarás. Durante seis días trabajarás y harás toda tu obra, pero el día séptimo es de reposo en honor del Señor tu Dios. No harás en él ningún trabajo. Ni tú, ni tu hijo, ni tu hija, ni tu siervo, ni tu criada, ni tu bestia, ni el extranjero que viva dentro de tus ciudades. Porque yo, el Señor, hice en seis días los cielos, la tierra, el mar y todo lo que hay en ellos, pero reposé en el día séptimo. Por eso yo, el Señor, bendije el día de reposo y lo santifiqué."

Salmo 127:1–2

Si el Señor no edifica la casa,
  de nada sirve que los edificadores se esfuercen.
Si el Señor no protege la ciudad,
  de nada sirve que los guardias la vigilen.
De nada sirve que ustedes madruguen,
  y que se acuesten muy tarde,
si el pan que comen es pan de sufrimiento,
  y el Señor da el sueño a los que él ama.

Filipenses 4:4–7

Regocíjense en el Señor siempre. Y otra vez les digo, ¡regocíjense! Que la gentileza de ustedes sea conocida de todos los hombres. El Señor está cerca. No se preocupen por nada. Que sus peticiones sean conocidas delante de Dios en toda oración y ruego, con acción de gracias, y que la paz de Dios, que sobrepasa todo entendimiento, guarde sus corazones y sus pensamientos en Cristo Jesús.

Mateo 11:28–30

"Vengan a mí todos ustedes, los agotados de tanto trabajar, que yo los haré descansar. Lleven mi yugo sobre ustedes, y aprendan de mí, que soy manso y humilde de corazón, y hallarán descanso para su alma; porque mi yugo es fácil, y mi carga es liviana."

Marcos 6:7–13, 30–32

Jesús llamó a los doce y comenzó a enviarlos de dos en dos. Les dio autoridad sobre los espíritus impuros, y les mandó que no llevaran nada para el camino. Aparte de un bastón, no debían llevar mochila, ni pan, ni dinero en el cinto. También podían llevar sandalias, pero no dos mudas de ropa. Les dijo: "Cuando ustedes lleguen a una casa, quédense allí hasta que salgan de ese lugar. Si en algún lugar no los reciben ni los escuchan, salgan de allí y sacúdanse el polvo de los pies, como un testimonio contra ellos." Los doce salieron e iban predicando a la gente que se arrepintiera. También expulsaban muchos demonios, y ungían con aceite a muchos enfermos y los sanaban.

Los apóstoles se reunieron con Jesús y le contaron todo lo que habían hecho y enseñado. Jesús les dijo: "Vengan conmigo ustedes solos, a un lugar apartado, y descansen un poco." Y es que tanta gente iba y venía, que ellos no tenían tiempo ni para comer. Así que se fueron solos en una barca a un lugar apartado.

AGRADECIMIENTOS

QUIERO AGRADECER PÚBLICAMENTE al Obispo Presidente Michael Curry por su fe apasionada y su liderazgo, y por incitarnos a todos en la Iglesia Episcopal a adoptar el camino del amor de Jesús como nuestra regla espiritual de vida.

Estoy en deuda con la creciendo comunidad de inspirados maestros, predicadores y practicantes del Camino del Amor alrededor de la Iglesia Episcopal, cuya generosa creatividad es una bendición para todos nosotros.

Un agradecimiento especial a la Rev. Canóniga Stephanie Spellers, Canóniga del Obispo Presidente para Evangelismo, Reconciliación y Mayordomía de la Creación; a la Dra. Courtney Cowart, Directora Ejecutiva de la Sociedad para el Fomento del Ministerio; a la Señora Ely Pearson, editora de la Casa de Publicaciones de la Iglesia por su ánimo y ayuda.

También quiero reconocer a mis colegas en la Diócesis Episcopal de Washington, incluyendo al clero y los líderes laicos que han escrito sus agudas reflexiones sobre las siete prácticas, han guiado retiros espirituales, han participado en conversaciones y se han comprometido con la práctica del Camino del Amor de forma intencional. Ustedes son mi inspiración.

Una palabra de agradecimiento especial a varios miembros del equipo diocesano de trabajo, quienes estuvieron a mi lado mientras esta aventura transitó de una serie de sermones a su grabación y luego a la publicación escrita: los reverendos Richard Weinberg, Daryl Loban y Patricia Lyons y la señora Keely Thrall.

Finalmente, un agradecimiento de corazón a mi esposo, Paul Budde, en cuya ayuda y ánimo confío diariamente, y quien está siempre allí para animarme cuando estoy cansada.